ADVERTISSEMENT

Seruant à l'examen des Titres & Chartulaires de l'Abbaye de S. Mesmin, & pour en iustifier les faussetez.

A Cour trouuera ce discours concis & sans artifice, parce que la verité n'en demande point : comme sans exaggeration, la chose parlant assez d'elle-mesme.

Le plvs ancien Chartvlaire, lequel pour la difference de deux autres on dit *a 1.* estre couuert de Veslin, & cõmencer par ces mots *Adam permissione diuina* auec cette date An. Inc. V. 1257. n'est point l'ouurage d'Adam Abbé, lequel on suppose auoir vescu au commencement du 13. siecle ; c'est le trauail honteux de Fr. Louïs Ajasson Abbé, & des Fr. Dulcard, Antoine & Melchior, qui viuoient à la fin du 15. & commencement du 16. siecle, & ce sont les premieres lettres de leurs noms qui composent le mot Adam. Ce qui se iustifie en partie par les pieces qui sont au procez, & se verifiera par le Catalogue des Religieux qui viuoit lors en ce Monastere, s'il est rapporté. Ce Monastere iusques-là ne s'est point vanté d'auoir esté fondé & exempté par Clouis, & doté richement par les Roys ses successeurs : Et Adam n'eust pas réussi à tenter de le faire croire de son temps par l'edition de ce Chartulaire, veu la discussion qui venoit d'estre faite en 1195. de l'estat de ce Monastere, & de sa sujetion à l'Eglise & à l'Euesque d'Orleans. Cette sujetion, outre qu'elle est fondée *s. t.* sur le droict commun, estoit notoire *A 5. D 3.* comme l'estoient aussi son establissement fait *A 5.* par ladite Eglise : sa pauureté iusques sous Charles Martel, puis qu'il n'auoit possedé ny manié aucune chose, & (comme toutes les autres Eglises *s. t.* du Diocese) n'auoit subsisté que par les soins de l'Euesque : sa ruine *I. K.* & desolation sous Charles Martel, Pepin & Charlemagne : son restablissement *K. A.* par Theodulphe, & ensuite par Ionas Euesques : & derechef sa pauureté iusques sous le regne du Roy Robert K. 2. 3. Ionas luy ayant seulement accordé precairement le regime de quelques biens modiques, auec reserue expresse à son Eglise de la proprieté d'iceux, suiuant l'ordre ancien de l'Eglise vniuerselle *s. 7.* Et il sçauoit si bien qu'il ne doit son establissement & ses biens qu'à ladite Eglise, & non à Clouis, & qu'il dépend d'elle absolument ; que sur les poursuites faites contre luy en 1195. par Henry 2. Euesque, pour contraindre Lancelin son Abbé à comparoistre au Synode, comme il y estoit obligé de droict, *s. 1.* il allegua seulement pour moyens de son refus *D. 3.* non sa fondation, mais sa longue possession de liberté, qui se trouua fausse ; & pour titre d'icelle, produisist, non pas comme à present la Charte *a* de Clouis, non celle de Louïs & Lotaire 1, ny aucunes des autres, qui seront cy-apres inserées, mais vn *Priuilege D 2.* supposé sous le nom *d'Arnulphus* Eu. d'Orl. en datte de l'an 972. qui se voit en ce Chartulaire, lequel (quoy que trouué nul en la matiere & en la forme, & apparemment faux, veu l'auersion qu'à toûjours eu Arnulp. des exemptions, & l'interuale de 222. ans, pendant lesquels ce Priuil. auroit esté gardé inconnu) est vne preuue infaillible qu'il n'auoit connu autre Fondateur & Superieur que ladite Eglise & ses Euesques, & que lesdites Chartes, & par consequent ce Chartulaire, duquel elles ont esté tirées pour ce procés, n'estoient encore en estre : aussi perdist-il sa cause, ayant esté ordonné que Lancelin & ses successeurs Abbés comparoistroient dela en auant aux Synodes, c'est à dire reconnoistroient l'Euesque d'Orleans pour leur Superieur. Laquelle Sentence ayant esté signifiée à Lancelin, il declara qu'il entendoit y obeïr.

Il resulte vne pareille preuue d'vn autre sien Priuilege *D. 1.* qui se voit dans ce Chartulaire sous le nom de Iean 2. Eu confirmé par Louïs le Gros en 1115. lequel il a supposé manifestement depuis la Bulle *C. 3.* d'Honoré 3. pour par iceluy se liberer de *certains deuoirs,* desquels, quelque liberté qu'il s'attribuë par sesdites pretenduës Chartes, il est encore aujourd'huy par obligation de filiation tenu enuers ladite Eglise, puis qu'elle en est encore aujourd'huy en bonne possession ; comme, de le contraindre à venir tous les ans chez elle en procession, & y celebrer la Feste de sa Dedicace & Inuention de Sainte Croix ; & encore de perceuoir au lieu de luy les fruits & reuenus de la Prebende qui luy appartient en ladite Eglise, à faute par luy de faire assister vn de ses Moines à l'Office diuin qui s'y celebre chaque iour ; en sorte qu'il ne luy reste que son droict de foraneité, *C. 3.* c'est à dire la somme de 25. s. par. par chacun an, à quoy a esté reduit le droict des Chanoines, *qui foris sunt,* qui ne rendent aucune assistance au Seruice canonial ; laquelle somme de 25. s. par. pour le droict de foraneité, ladite Eglise a saisi entre ses mains 2. toutesfois & quantes sur ce Monastere.

En effect qu'elle apparence, que ce Monastere se fust mis en peine de supposer ces deux priuil. d'Arnoul & de Iean, & autres qui sont dans ledit Chartul. s'il eust esté de fondation Royale, & exempt de la Iurisd. Episcopale, & s'il eust eu lesdits Chartes ? Quelle apparence aussi, qu'Adam se fut amusé en 1257. à compiler ce Chartulaire, luy qui pendant qu'il estoit simple Religieux, auoit veu terminer le differend auec l'Euesque par ladite Sentence de l'an 1195. contre Lancelin *D. 3.* & qui lors de son Sacre auoit *B. 1.* comme Lancelin *B. 2. 3.* & autres Abbés precedens iuré obeïssance & fidelité à l'Eglise & à Guillaume Euesque d'Orl. aux termes *A. 5?* du priuilege de Ionas ?

Il est donc vray que ce Chartulaire n'a point esté compilé en 1257. par Adam ; Et la conference qui sera faite en son lieu de la Charte *v.* de Robert, supposée enuiron 1528. auec la reconnoissance de cens baillée à M. le D. d'Orl. le 7. Sept. 1543. par ce Monastere, produite au procez, monstrera qu'apparemment ce Chartulaire n'a esté compilé qu'entre lesdites années 1528. & 1543. par ledit Abbé Ajasson, & ses cooperateurs.

Le Chartvlaire couuert de Veau en carton, duquel quelques-vnes des Chartes produites au procez par lesdits R. Fœüil. ont esté tirées, comme font foy les certifications qui sont au pied de chacune d'icelle, a esté supposé depuis le Chartulaire de Veslin. En voicy la preuue infaillible. Le faux Adam dit en la Preface *α. 1.* de son Chartulaire, qu'il a compilé toutes les Chartes & Priuileges obtenus par ce Monastere iusques en 1257. Or les six Roys, ausquels les six Chartes produites au procés, sont attribuées, ont precedé de beaucoup l'Abbé Adam & l'année 1257. consequemment lesdits Chartes deuoient se trouuer dans le plus ancien Chartulaire couuert de Veslin : & ne s'y estant trouuées, mais en celuy de Veau, il s'ensuit que ce Chartulaire de Veau a esté supposé auec lesdits Chartes, depuis la supposition du Chartulaire de Veslin.

Ce Monastere vante vn troisiesme Chartvlaire tiré n'agueres miraculeusement de la Bibliotheque Royale de Suede, c'est à dire fabriqué depuis peu. Et il en fait peut-estre encore à present d'autres pour auctoriser ses pretensions : car comme il est aisé à iuger par ce qui a esté remarqué, que depuis 200. ans en çà il n'a pas manqué de contrefaiseurs de Chartes : aussi n'en a-il pas manqué de nos iours. On s'en est plaint plus d'vne fois dans le Chastelet d'Orleans, il n'y a pas plus de 20. ans, & on se souuient encore qu'on éloigna lors quelques gens de ce Monastere.

Ce ne font point icy calomnies ; ce font veritez, qui tireront leur iour de l'exa-men de chacune defdites Chartes en particulier.

LA CHARTE DE CLOVIS α 2. de laquelle les R. Feüill. ont produit au procez vne copie informe d'vne autre copie informe, a efté fuppofée conftamment depuis peu. Nous auons †. 6. A. les preuues effentielles de l'eftabliffement de ce Monaftere par l'Eglife d'Orleans ; celles de fon reftabliffement K. fait 400. ans apres par la mefme Eglife ; celles de fa fujetion enuers elle A, B, C, D.

Au contraire, comme le menfonge eft toûjours incertain, & toûjours contraire à luy-mefme, nous voyons de la part de ce Monaftere, outre cette Charte, cinq autres tant Chartes, que veftiges de Chartes de fa fondation fabuleufe †. 1. 2. 3. 4. 5. lefquelles par leurs contradictions, & differences les vnes d'auec les autres, & d'auec celle-cy, prouuent neceffairement que toutes les fix font fauffes & fuppofées.

Sauffeius nous en produit vne †. 1. tirée de l'ancien Chartulaire en 1582. & colla-tionnée par luy en 1614. qui n'eft conforme ny à celle-cy, ny aux fuiuantes : c'eft au Sieur Abbé de S. Mefmin, & aux R. Feüill. qui occupent ce Monaftere dès 1608. à dire par le faict de qui ce changement eft arriué.

Celuy qui a efcrit autrefois la vie de S. Mefmin, intitulée *Vita Maximini*, re-prefente les veftiges d'vne autre Charte †. 2. expediée en faueur, & fous le nom feul de S. Mefmin, fignée des Notaires qui l'ont paffée, & fcellée. Or aucune de ces circonftances ne fe trouue en celle que nous examinons ; confequemment elle n'eft pas celle que l'Autheur de *Vita Maximini* a veuë & maniée. Et quand lefdi-tes circonftances s'y trouuerroient, l'vne & l'autre ne laifferoient pas d'eftre fauffes par les moyens qui feront tantoft propofez.

L'autheur de la Charte ε. de Louïs & Lotaire, a veu neceffairement vne autre Charte †. 3. differente de celle-cy, & des precedentes & fuiuantes. Cela fe de-monftre par la declaration y contenuë de la dot de ce Monaftere, qui n'a aucun rapport auec elles.

L'autheur de la Charte υ. de Robert, en a veu pareillement vne differente †. 4. de toutes les autres : cela fe demonftre auffi par la difference de la dot.

Dom Luc d'Achere, Religieux Benedictin, qui a merité l'eftime de tous les Sçauans, vient de donner au public †. 5. vne autre Charte de la fondation de ce Monaftere par Clouis, laquelle, quoy qu'elle n'ait rien de vray, non plus que les precedentes, reprefente mieux l'antiquité, & impofe moins à la verité au regard de l'eftenduë de ce Monaftere.

Cette Charte que nous examinons, a toutesfois plû dauantage à ce Monaftere que les cinq autres, car il ne fe fert que d'elle ; & qui plus eft, il a tout exprés fup-pofé fa Charte de Robert υ. pour luy donner cours, & à celle de Charles Augufte π. fous vn faux allegué de confirmation d'icelles, demandée & non accordée, com-me il fe iuftifie par ladite Charte de Robert, li. 7. & fuiu. iufques à la lig. 18. laquelle Charte de Robert ayant efté apparemment fabriquée depuis l'an 1522. comme il fe verra par l'examen d'icelle, c'eft vne autre preuue que ce Monaftere a fuppofé ces deux Chartes de Clouis & de Charles en ce mefme temps-là.

Mais afin qu'il ne refte aucun fcrupule touchant la fuppofition de celle-cy : La Cour obferuera, s'il luy plaift, que *le ftile, l'hiftoire, la pratique de l'Eglife & de l'Eftat au fiecle de Clouis, & la dot de ce Monaftere*, outre plufieurs autres chefs, conuainquent qu'elle n'eft point emanée de Clouis.

QVANT AV STILE, on n'efcriuoit pas au fiecle de Clouis les Lettres Patentes & Ordonnances en la forme qu'eft cette Charte ; Elles commençoient α. 1. par le nom du Roy, accompagné ordinairement d'vn epithete, & par le nom & qualité de celuy ou ceux à qui elle s'addreffoient, ainfi que celles des Empereurs Romains,

& des Roys contemporains de Clouis , & non iamais comme celle-cy , *In nomine S. & Ind. Trinit. Clodoueus* ; & autant qu'on le peut iuger par les Chartes vrayes ou suppofées de ce temps-là au to. 1. des Conc. de France , & par les Formulaires de Marculphus , elles ne parloient point comme celle-cy , *Notum fieri volumus... Præcipientes ergo iubemus...* termes qui font modernes. Leur claufe finale n'approchoit point de celle que nous voyons en celle-cy , *Et vt hæc auctoritas...* au contraire , elle faifoit toûjours mention de la *fignature*, a. 2. & iamais du fceau : & eftoit terminée par le *feing* du Roy a. 3. par le *contrefeing* du Referendaire a. 4. par le *fceau* a. 5. par la *date*, a. 6. Si cette Charte eftoit veritable, toutes ces formalités s'y verroient obferuées comme neceffaires pour fa validité : & le Compilateur qui fe vante *lig. 7. de fa Preface*, d'auoir efté exact à transcrire mot à mot cette Charte, & toutes les autres, les auroit remarquées dans fa copie qu'il a inferée dans le Chartulaire : Il auroit rapporté le *renouuellement & confirmation* d'icelle allegués en la Charte de Robert *lig. 7.* s'ils auoient efté accordés : Il auroit repprefenté le *nom Latin* de Clouis en la maniere qu'on l'efcriuoit en ce temps-là , & non comme on l'a efcrit quelques fiecles apres, *b.* fi on en croit le P. Sirmon.

Derechef, fi cette Charte eftoit veritable, elle s'addrefferoit feulement à *l'Eu.* & au *Comte* d'Orleans, comme eftans les feuls qui pouuoient connoiftre de ce Monaftere qui fe baftiffoit dans leur détroit : Et ne parleroit pas *à tous Euefques*, Comtes , Officiers , & Fermiers ou Receueurs du Domaine, parce qu'ils n'auoient que voir dans le Diocefe & Comté d'Orleans : Ny aux *Abbez*, parce qu'ils n'auoient aucun rang dans l'Eglife ny dans l'Eftat, ny aucune Intendance fur les biens de leurs Monafteres *f. 1.* Ny a toutes ces fortes d'Officiers *Miffis*, *Vicedominis*, *Vicecomitibus*, *Vicarijs*, *Centenarijs*, parce qu'ils n'eftoient pas encore eftablis : Ny enfin à tous les fideles Chreftiens , *omnibus vero corde fidelibus*, à la mode des Bulles & Refcripts Apoftoliques. Elle n'vferoit des termes *confuetudo & redhibitio*, parce qu'ils ne fe prenoient pas encore pour impofition & redeuance : ny de ces autres *adhærentibus fibi tàm Monachis quàm laïcis*, parce qu'on ne connoiffoit pas encore dans les Monafteres la diftinction des perfonnes en Moines & en laïques, tous les Moines eftans laïques pour lors, *c.* Au refte elle traiteroit les Euefques auec les *termes d'honneur* ordinaires en ce temps-là , & particulierement à Clouis , a. 1.

L'HISTOIRE, de fa part, nous fait voir en plufieurs façons la fauffeté de cette Charte. Premierement Clouis n'a point amené à Orleans S. Eufpice, parce qu'il eftoit mort plus de 30. ou 40. ans auant que Clouis nâquift. *d.* La preuue en eft claire : Eufpice eftoit fort vieil, & S. Mefmin fon neueu frere *g. 2.* de S. Loup Eu. de Troyes, fort jeune *g 1.* quand ils vinrent à Orleans. Ce S. Loup qui fut le 1. & non pas le 2. du nom (parce que Loup 2. ne fut Euefque qu'en l'année 600. & fuiuantes *h. 2.* cent ans apres Clouis) marque le temps auquel ils viuoient; car quand on voudroit fuppofer que S. Eufpice n'eftoit pas plus vieil que S. Loup 1. il auroit eu en 426. cinquante-deux ans, & en 478. cent quatre ans *d.* comme euft S. Loup *h. 1.* ce qui fuffiroit, pour dire que Clouis qui eftoit enfant & payen , & non encore Roy en 478. *d.* n'a ny veu, ny amené S. Eufpice à Orleans. Mais S. Eufpice eftoit bien plus âgé que S. Loup 1. puis qu'il eftoit fort vieil, & S. Mefmin fort jeune quand ils vinrent à Orleans *g. 1.* & que pour trouuer la ieuneffe de S. Mefmin il faut remonter *d.* aux dernieres années du 4. fiecle, attendu que quand on le fuppoferoit plus ieune de 15. ans que S. Loup 1. (ce qui ne peut auoir efté, puifque l'Hiftoire remarque que S. Loup perdift fon Pere fort ieune , *b. 1.*) encore auroit-il eu 37. ans, quand S. Loup en eut cinquante-deux, ce qui arriua *d.* en 416 en laquelle année S. Eufpice ne pouuoit pas eftre en vie. D'où il refulte que ce Monaftere eftoit eftably long-temps auant ladite année 426.

Cette note de temps fe confirme par le témoignage, que Sigebert *g. 3.* rend de

S. Mefmin, qu'il floriffoit en 495. car outre que le terme *florebat*, dont Sigebert a vfé, fignifie ordinairement le temps plus prochain de la mort ; On voit *d.* qu'en 495. S. Mefmin auoit au moins 106. ans, & que Clouis (puis qu'il fut baptifé felon Greg. l'an. 15. de fon regne, *h.*) n'euft 30. ans qu'en 496. felon Greg. ou en 499. felon Sigebert, ou en 502. felon la Chronique de Verdun, âge bien éloigné de celuy de S. Mefmin. On voit que la Charte 1. de Louïs, dit *lig. 35.* que Clouis donna à ce Monaftere, en le fondant, l'Eglife de S. Mefmin fituée dans Orleans : & que par confequent S. Mefmin eftoit mort délors, puis qu'il y auoit déja des Eglifes bafties fous fon nom. On voit enfin qu'en 518. (auquel temps Clouis n'euft eu que 50. ou 52. ans felon les diuerfes fupputations) Gregoire *k. 1.* pour exprimer l'eftime publique en laquelle S. Auit Abbé 3. de Micy eftoit pour lors, l'appelle *Magnus Sacerdos*, terme qui appartenoit par excellence, & qu'il donne luy-mefme aux Euefques feuls : laquelle eftime ce Sainct ne pouuoit auoir acquife que par vne fort longue adminiftration de la charge d'Abbé, parce qu'il auoit toûjours caché foigneufement fa vie, aidé à cela premierement par S. Mefmin qui l'auoit receu tres ieune dans ce Monaftere, & luy auoit baillé vne Cellule éloignée des autres, *i.* & en fuite par fes retraites dans le defert tant feul qu'auec deux Freres *i. 2. 3.* d'où il fut malgré luy tiré par l'Euefque pour fucceder à S. Mefmin en la charge d'Abbé, encore fe déroba-il quelquesfois pour fe ietter dans le defert *i. 2.* où enfin il mourut plein de iours en 519. ou 520. Ce temps de fa mort en 520. au plus tard ne peut eftre reuoqué en doute. Il viuoit en 518. *o. 2. 3.* puis qu'il diffuada autant qu'il peuft Chlodomir *k. 1.* de faire mal au S. Roy Sigifmond, lequel il tenoit prifonnier de guerre à Orleans auec fa femme & fes enfans dés l'année precedente. Au contraire il ne viuoit plus, quand Childebert en 521. ou 522. *o. 1. 2. 3.* porta la guerre en Efpagne contre Amalaric, puifque Childebert en partant fift vœu *k. 2.* de baftir à fon retour deffus fon tombeau l'Eglife Collegiale qui y refte aujourd'huy en partie.

Ifidore *l. 4.* met cette guerre d'Efpagne auec la mort d'Amalaric auant l'Ere, 560. & en l'Ere 560. *l. 5.* qui eft l'an 522. de N. S. il rapporte l'election de Theudes à la Couronne. Cette Ere doit demeurer conftante, nonobftant la correction du Card. Baron. An. 531. vers la fin, & du P. du Breüil en fon edition d'Ifidore, pour la faire quadrer auec les Eres precedentes qui ont efté deprauées : ces deux grands hommes n'ayans pas pris garde qu'Ifidore n'a pas fceu qu'Alaric n'a eu autre fucceffeur veritable qu'Amalaric fon fils ; qu'il a pris pour deux regnes depuis l'Ere 545. iufqu'à la 560. l'effort que Gefalic fils baftard d'Alaric fift pour regner, & l'affiftance de Confeil & de forces que Theodoric Roy d'Italie, donne contre Gefalic à Amalaric fon petit fils ; & que c'eft cette méprife d'Ifidore qui a donné lieu à la correction & deprauation des Eres.

Ce point d'Hiftoire fe demonftre contr'eux trois par noftre Hiftoire Françoife, de laquelle il fait partie. Alaric ayant efté défait & tué à Voglade par Clouis en l'Ere 545. *l. 1. m. 2.* qui eft l'an de N. S, 507. Amalaric fauué de la déroute s'enfuift en Efpagne & s'y fift reconnoiftre Roy *m. 2. 3.* cependant que d'vn cofté Gefalic fe faifoit couronner Roy à Narbonne *l. 2.* & que d'autre cofté Clouis *m. 2.* pourfuiuant fa victoire & s'emparant des Villes & des Prouinces Wifigothes deçà les monts obligea Gefalic de fe fauuer en Efpagne, où durant 4. ans *m. 1.* il fut toûjours battu, toûjours chaffé, & enfin tué, fans auoir eu autre chofe qu'vn vain nom de Roy.

On douta fi peu en France en l'an 511. qu'Amalaric eftoit Roy legitime & paifible en Efpagne, que la premiere action que firent les enfans de Clouis apres leurs partages fut *n. 1.* de donner audience à l'Ambaffadeur d'Amalaric, qui leur demandoit leur alliance, & leur fœur Clotilde pour femme, & luy accordans fes demandes luy enuoyer cette Princeffe auec vn equippage royal.

Les mauuais traitemens qu'elle receut continuellement de cét Arrien *n.* 2. tirerent enfin d'elle des plaintes, & attirerent Childebert en Espagne en 521. ou 522. à la teste d'vne Armée, pour la deliurer comme il fist. Gregoire n'a pas à la verité cotté l'année ; mais outre le tesmoignage d'Isidore *l. 4. 5.* nous auons celuy de Sigebert à son année 525. qui reuient à l'an 522. puis qu'il retarde de 3. ans sa supputation. Et de grace quelqu'vn osera-il dire que ç'auroit esté trop peu à la fille du grand Clouis, à la sœur de 4. grands Roys regnans en ce mesme temps, à la Reyne d'Espagne, d'auoir souffert seulement depuis 511. iusques en 522. d'estre incessamment *n.* 2. baffoüée, nasardée, & couuerte d'excremens par tous les Pages & Laquais de la Cour, par ordre de son mary, toutes les fois qu'elle alloit à l'Eglise, cependant que de son costé il luy faisoit toutes sortes d'insultes, & en venoit aux coups de pied & de main, qui luy exprimerent le sang, dont elle enuoya enfin vn eschantillon à son frere Childebert ; & qu'elle a deu souffrir iusques en 531. afin de sauuer ainsi la méprise d'Isidore, & les corrections que chacun s'est efforcé d'y faire pour l'appuyer ?

Cette preuue de l'année 522. se confirme par *la conqueste de Bourgongne* faite par Clotaire, & par Childebert à son retour d'Espagne en la mesme année 522. dont il ne faut autre preuue que ce qu'en a dit le P. Petau, par 2. ration. temp. l. 4. c. 14. *o.* 3. où il à retracté ce qu'il auoit dit au contraire ailleurs *o.* 2.

Elle se confirme encore par la desolation derniere de la maison de Chlodomir, qui suiuant la prediction de S. Auit *k.* 1. suiuit de prés ladite conqueste : car Childebert & Clotaire retournez victorieux de Bourgongne, conceurent incontinent ialousie *p.* 1. 2. du soin que S. Clotilde leur mere prenoit de l'education de leurs 3. neueux, fils de Chlodomir, croyans qu'elle vouloit les éleuer dans le throsne de leur pere ; massacrerent l'aisné âgé de dix ans, & le second âgé de sept ans ; manquerent le plus ieune nommé Chloud, lequel se fit par apres d'Eglise, & se retira *p.* 3. à Nogent sur Seine, lieu appellé aujourd'huy S. Chloud.

La comparaison de l'âge qu'auoit S. Chloud *p.* 2. au dessous de 7. ans, quand il fut sauué des mains de ses Oncles, auec celuy qu'il deuoit auoir en l'année 531. en laquelle il estoit en vne haute *reputation* de sainteté, & le témoignage que réd Sigebert *p.* 3. en ladite année 531. *qu'il y auoit long-temps que ce carnage s'estoit fait*, monstrent que ce fut en 522. ou tost apres que la maison de Chlodomir perist, & non pas en 532. ou années suiuantes.

De maniere qu'on ne peut plus douter que S. Auit Abbé 3. de Micy, ne soit mort fort vieil peu apres le decés de Clouis, c'est à dire en 519. ou 520. & que ny S. Euspice, ny S. Mesmin premiers Abbés de Micy *g.* 2. n'ont point esté amenez à Orleans par Clouis, lequel ils ont precedé de beaucoup.

L'Histoire monstre encore la fausseté du voyage de Clouis contre Verdun, touché en cette Charte *lig.* 9. & expliqué dans la Chronique de Verdun *e.* 1. dans la Legende Latine de S. Mesmin *e.* 6. & dans Aimoin *e.* 7. pour par vn seruice supposé faire entrer S. Euspice qui ne viuoit plus *d.* en la connoissance & amitié de Clouis, & obtenir de luy le don du lieu de Micy en 504.

Clouis ne vist aucune reuolte de Verdun & des autres Villes du Royaume de Cologne : Le Moine Rorico qui a escrit l'Histoire de France iusqu'à la mort de Clouis, Greg. de Tours, celuy qui a compilé des Escrits de Greg. & autres Escriuains l'histoire iusqu'à la mort de Thierry, & Fredegaire, seuls Historiens que nous ayons de ces temps-là, n'en ont rien escrit ; Et le temps & les circonstances de l'acquisition de Verdun, & autres Estats du Royaume de Cologne, & de ce qu'il fist apres, monstrent qu'il n'eust point là de guerre, & qu'il ne vint point de là à Orleans auec Euspice. Cette conqueste luy arriua *f.* 1. 2. 3. par droict successif, *auec* l'applaudissement vniuersel des peuples, *apres* la défaite d'Alaric, & la conqueſte de ſes Eſtats en 507. & 508. *apres* la mort de Sigebert le Boiteux, & de Cloderic ſon fils ; & par conſequent en 509. ou 510. De cette conqueſte il paſſa à celle du Royaume de Chararic Roy du Mans, deſcrite par Greg. li. 2. c. 41. & d'icelle à la conqueſte du Royaume de Cambray contre Ragnachaire, deſcrite par Gregoire li. 2. ch. 42. & mourut en ſuite, comme témoigne Greg. au ch. 43. ſans qu'il y ait apparence qu'il ait eu loiſir d'aller à Orleans, non pas meſme pour le Concile qui s'y tint par ſon ordre en 511. comme il ſe voit par la lettre Synodale d'iceluy, qui fait connoiſtre que Clouis n'eſtoit pas preſent à Orleans. r. 3.

Aimoin donc, qui n'a eſcrit qu'au 11. ſiecle, 500. ans apres la mort de Clouis Q. 3. n'eſt pas croyable en ce faict, d'autant plus (dit M. le Pr. Faulchet 4. hiſt. 6. & apres luy tous les autres) que nous n'auons pas ſes Eſcrits tels qu'ils ſont partis de ſa main, chacun y ayant adjoûté pluſieurs choſes pour ſes intereſts ; & il n'y a eu rien plus aiſé que d'y adjoûter le ch. 17. du liu. 3. n'y ayant ny liaiſon ny ſuite entre chaque chapitre.

La Chronique de Verdun, eſcrite pour le plûtoſt au 12. ſiecle, auquel elle finit, 600. ans apres Clouis, n'en eſt pas croyable, poſé méme qu'elle n'ait pas eſté ſuppoſée, car le P. Labbe qui l'a donnée au public, aduertit ſincerement le Lecteur qu'elle eſt inconnuë à Sigebert de Iumieges, à Honoré d'Autun, à Henry de Gand, à Thritheme, à Sixte de Sienne, à Poſſeuin, à Bellarmin, à Aubert le Mire, & autres qui ont parlé des Eſcriuains Eccleſiaſtiques, & ne louë que la 2. partie d'icelle contenant l'hiſtoire du 11. ſiecle ; & quant à la premiere partie, il dit qu'elle contient quantité de recits incertains & apocryphes, dont il a retranché vne partie; & il y en a laiſſé vne infinité d'autres, qui ſeuls la peuuent faire mépriſer.

La Legende Latine de S. Meſmin eſt encore moins croyable, particulierement en la cauſe de ce Monaſtere. Elle a eſté conſtamment tirée mot à mot de ladite Chronique, comme il ſe voit par la conference de l'vne & de l'autre, & il n'eſt pas mal-aiſé à iuger que c'eſt de la derniere partie de ladite Legende que doit eſtre remplie la lacune que ce Pere a reconnuë dans la copie qu'il a donnée de cette Chronique.

Il ſeroit long de reprendre les contradictions qui ſe trouuent entre les témoignages de ces trois Eſcriuains : Il ſuffit de dire que ſi S. Euſpice euſt veſcu lors de ladite conqueſte du Royaume de Cologne, & fuſt venu à Orleans auec Clouis : Ce Prince obligé ſi ſenſiblement, comme ces Eſcriuains le ſuppoſent, n'auroit pas manqué à faire deux choſes qu'il n'a pas faites, l'vne de baſtir ce Monaſtere, l'autre de faire dans les chefs par luy propoſés r. 3. aux Peres du Concile d'Orleans, mention expreſſe des biens & priuileges qu'il luy auroit donnez ; comme il fiſt touchant les terres par luy données à quelques Egliſes, auec pleine immunité pour icelles, & pour les Eccleſiaſtiques à raiſon d'icelles ; ſurquoy le Concile fiſt le Canon 5. *De oblationibus vel agris*, ſ. 6. Quant à la premiere, on ne peut douter qu'au ſiecle de Clouis, & long-temps depuis, ce Monaſtere n'eſtoit qu'vn monceau de huttes faites de matieres legeres à l'entour de la Cellule de l'Abbé & de ſon Oratoire, à la mode des anciens Monaſteres ; puiſque d'vne trentaine de Saints qui y ont veſcu, & que l'Egliſe inuoque, ſans conter ceux dont les noms & la vie ſont cachez auec I. C. en Dieu, on n'en ſçauroit cotter vn ſeul qui ait eſté inhumé en ce Monaſtere, non pas meſme S. Euſpice ſon Inſtituteur, non S. Meſmin ſon Succeſſeur, non S. Auit, non S. Theodemir, non S. Meſmin 2. qui en furent ſucceſſiuement Abbés : Au contraire, on cotte les lieux où tous ces ſaincts Corps ont repoſé : Et il eſt aiſé à iuger par les ruines illuſtres de l'Egliſe & des Dortoüers, trouués par les Rel. Feüil. lors de leur eſtabliſſement dans ce Monaſtere, que le tout a eſté baſty pour le plûtoſt au ſiecle 11. auquel ou la deuotion ou la mode vint q. de baſtir des Egliſes & Monaſteres ſplendides. Quant à la 2. choſe, concernant les biens & priuileges, la conference de cette Charte auec celles rapportées entre les preuues † conuainc que Clouis n'a rien donné au Monaſtere de Micy. Et la lecture ſ. du Conc. 1. d'Orl. monſtre que Clouis a laiſſé les Monaſteres dans l'ordre ancien de l'Egliſe.

C'eſt de la conſideration des REGLES ECCLESIASTIQVES, couchées dans le Conc. œcum. de Chalcedoine, & de la pratique conſtante de cet Eſtat ſous Clouis & ſous ſes Enfans repreſentée dans le Conc. 1. d'Orleans, que naiſt vne autre preuue de la fauſſeté de cette Charte.

Le Conc. d'Orl. ordonne conformement auſdites regles Eccleſiaſtiques ſ. 1. t. t. que les Abbez & Moines viuent dans leurs Monaſteres ſoûmis à leur Eueſque : qu'ils n'en ſortent point ſans ſon ordre ou ſa permiſſion : qu'ils ne ſe mélent d'aucunes affaires Eccleſiaſtiques ny feculieres : que les Abbez ſe gouuernent par ſes aduis, ſe feruent de ſon auĉtorité & ſecours pour retenir leurs Moines en leur deuoir, reçoiuent de luy la correĉtion, és choſes qu'ils auront faites eux-meſmes contre leur Inſtitut, aſſiſtent au Synode, & reçoiuent ſa viſite toutefois & quantes qu'il iugera neceſſaire de la faire. Contre cette Ordonnance qui s'obſeruoit eſtroitement depuis le Conc. de Chalced. cette Charte donne aux Moines de ce Monaſtere liberté d'aller & venir quand & où bon leur ſemblera lig. 34. & defend à l'Eu. d'Orl. de les en empeſcher. Et ſur ce fondement la Charte de Louis & Lotaire & parle comme s'ils ne répondoient qu'au Roy au Spirituel & au Temporel : & defend à l'Eu. d'Orl. de ſe méler de l'vn ny de l'autre, meſme quand l'Abbé eſt mort, ny prendre connoiſſance du bon ou mauuais meſnage d'iceluy, ny enfin en approcher, ſinon pour y prier Dieu, ou pour y dire la Meſſe, ſi la Communauté l'en prie lig. 6. 14. 89. & ſuiu.

Le Conc. d'Orl. ordonne conformement auſd. regles, que l'Eueſque ait en ſa puiſſance & diſpoſition ſ. 2. 3. 4. toutes les Egliſes & Monaſteres de ſon Dioceſe, & tous leurs biens : ſans en excepter meſme les biens que Clouis ſ. 6. leur auoit donné & donneroit par apres, quoy que les Lettres de don, cecy eſt deciſif, portaſſent immunité d'iceux, & des Eccleſiaſtiques au ſuiet d'iceux ſ. 6. Il ne parle point là des Moines : luy preſcrit l'employ des reuenus & des oblations ſ. 3. 4. 5. 6. aux reparations & entretien des Egliſes & fonds d'icelles, ſubſiſtance du Clergé, des malades, des pauures, de ceux qui ne peuuent gaigner leur vie, rachat des captifs, ſubuention t. 1. 2. des Monaſteres, & ſemblables : Veut, que s'il y manque il en ſoit blaſmé au Synode du Metropolitain; & que s'il continué d'y manquer, il ſoit exclus de la Communion ſ. 6. iuſques à ce qu'il s'en ſoit corrigé. Contre cét ordre & pratique, cette Charte lig. 16. veut que ce Monaſtere puiſſe, ſans l'ordre & l'auĉtorité de l'Eueſque, accepter toutes ſortes de donations, & en vſer; & qu'il ait ſeul le maniement de ſes biens, auſquels il defend à l'Eu. d'Orl. de toucher en façon quelconque, & pour quelque cauſe que ce puiſſe eſtre lig. 28. & ſuiu.

Enfin le Conc. d'Orl. defend, conformément auſd. regles t. 1. 2. 3. que les Moines ſe meſlent d'aucun negoce, non pas meſme de leur ſubſiſtance, afin de n'eſtre point diſtraits de leurs exercices, qui ſont ieuſner, & prier : pour à quoy d'autant plus obuier on plaçoit les Monaſteres t. 4. en lieux commodes pour y eſtre portées aiſément leurs neceſſitez, & on y faiſoit & façonnoit autant que faire ſe pouuoit tout ce dont ils pouuoient auoir beſoin. Contre cét ordre & pratique cette Charte lig. 31. & ſuiu. veut que les Moines de ce Monaſtere aillent & viennent, qu'ils trafiquent de leur ſel & poiſſon, & autres denrées : qu'ils vaquent eux-meſmes à leurs affaires, & faſſent ſeiour où & ainſi qu'il leur plaira; & defend à l'Eu. d'Orl. d'en prendre connoiſſance.

Il faut n'auoir rien veu, pour n'auoir pas veu qu'on ne leur a permis iamais ces deſordres. Et on croira plus aiſément que Clouis ne les leur a point permis, ſi on

conſidere

considere que ce fut luy qui par excés de zele, sur l'aduis qu'il euſt *r. 2. 3.* de S. Re-
my, que les guerres auoient apporté du relâchement en la diſcipline Eccleſiaſti-
que, fit aſſembler ce Conc. d'Orleans, & preſcriuiſt aux Eueſques les chefs *r. 3.*
ſur leſquels il vouloit qu'il fuſt deliberé : de maniere que ne s'y trouuant aucun decret approchant du priuilege porté par cette Charte, il eſt vray de dire qu'il n'en
eſtoit rien porté par leſdits chefs : Ce que toutesfois Clouis n'euſt obmis, s'il euſt
donné ce priuilege, ou accordé quelque choſe aux Moines, contre le droiĉt receu:
Comme il n'oublia pas de propoſer qu'il fut deliberé ſur l'employ des reuenus des
biens qu'il auoit donné & donneroit au Clergé, & des oblations ; ſur quoy fut fait le
Canon 5.

Qu'on ne die pas que ce Monaſtere aura donc eſté fondé depuis ce Concile d'Orleans ; car Clouis *r. 4.* n'a veſcu que trois à quatre mois apres iceluy ; & on voit dans
les Conciles tenus en ſuite les meſmes maximes qu'en celuy-cy : Ioinĉt que l'Hiſtoire, & Marculphe *form. 1. & 2.* de ſon *li. 1.* & M. Bignon en ſes Commentaires
ſur iceux, & la Sentence *D. 3.* renduë contre l'Abbé Lancelin en 1195. nous ap-
prennent que c'eſtoient les Eueſques qui de l'aduis & conſentement de leur Chapitre accordoient aux Egliſes & Monaſteres des priuil. Eccleſiaſtiques à la priere des
Roys, & des Fondateurs : que telles conceſſions deuoient eſtre ratifiées par vn Synode, & confirmées en ſuite par Lettres Patentes du Roy, qui repetoient chaque
clauſe du priuilege : Et que les priuil. que le Roy donnoit de ſon chef ne concer-
noient *x. 2.* que ſes droits fiſcaux. C'eſt de cette derniere ſorte d'exemption qu'il
eſt parlé au *Can. 5.* de ce *Conc. f. 6.* & nous en voyons vn exemple pour l'Abbaye de
Corbie au *to. 1.* des Conc. de France du P. Sirmond, pag. 501. & Marculphe en
a formé le formulaire *3.* de ſon *liure 1.*

LA DOT DV MONASTERE fait pareille conuiĉtion de fauſſeté & ſuppoſition ; tant
cette Charte & celles rapportées entre les preuues † en parlent differemment.
Celle-cy, & celle de Sauſſeius † 1. ne cottent que les trois lieux *Miciacum, Cam-*
biacum, Litimiacum, & vn *eſpace* de riuiere dans la Loire, auec droiĉt d'y leuer *vne*
mine de ſel ſur chaque batteau ſaulnier. Celle de Louis † 3. & celle de Robert † 4.
y adiouſtent differemment l'vne de l'autre pluſieurs Domaines, & certaine *portion*
de Loiret ; mais elles ne ſont d'accord des Donateurs ; Et celle de Robert ne cotte pas
Litimiacum ; Et l'vne ny l'autre ne parle de la *mine de ſel.* Celle, veuë par l'Autheur du *Vita Maximini* † 2. cotte les 3. lieux *Miciacum, Cambiacum, Liti-*
miacum, & rien plus. Celle de D. Luc † 5. ne cotte que *Miciacum,* auec la
la *Garenne,* & la *Saulſaie,* & les deux *Moulins,* & ce qui pouuoit appartenir au
Roy entre les riuieres de Loire & Loiret auec exemption de tous peages tant dedans
que dehors leſdites riuieres, Et ainſi ſelon icelle ny *Cambiacum,* ny *Litimiacum,* ny
Loire, ny *Loiret,* ny la *mine de ſel,* n'appartiennent point à ce Monaſtere par ſa
fondation ; non plus que toutes les terres & ſeigneuries que la Charte de Louis, &
la Charte de Robert diſent differemment l'vne de l'autre luy auoir eſté données par
Clouis par forme de dot : Et de plus elles ne ſont pas d'accord de leurs priuileges.

Outre ces variations, la qualité que ce Monaſtere donne par cette Charte *lig. 9.*
à ſon Micy, *noſtri fundum iuris Miciacum* ; Celle que par extenſion il luy donne
lig. 24. de la Charte de Louis, *1. fundus Miciacenſis cum appenditiis ſuis* ; & *lig. 40.* à
ſon Chaingy, *Cambiacum uillam cum Eccleſia & omnibus appenditiis* ; bu à
à ſon Limy *lig. 43. Curtem etiam Litimiacenſem, vulgo Mons Taurenni, cum ſeruis,*
ſiluis, & aliis rebus ſibi adiacentibus ; La Seigneurie & Iuſtice qu'il s'attribué ſur le
fondement deſdites qualitez ; Les variations touchant la riuiere de Loiret, dans toutes ſes Chartes ; ſont autant de preuues infaillibles, qu'il a ſuppoſé cette Charte &
toutes les autres depuis la Legende Latine de S. Meſmin † 2. qu'il a fabriqué n'a-
gueres. Ces trois lieux notoirement eſtoient encore pour lors de petits clouſeaux:
Il n'en parle point autrement dans ſadite Legende Latine de S. Meſmin. Et ſoit par-

ce que cela eſtoit lors tres-connu, ſoit parce que ſes deſſeins d'vſurper eſtoient déja formez, il s'eſt gardé de cotter ny ſituation ny tenans, ny bornes ; ce qui eſt contre l'ordre receu par tout, & de tout temps. Ioinct qu'on ſçait qu'il a le droict de nommer à la Cure de Chaingy, *Cambiacum*, non à cauſe que le lieu de Chaingy luy appartient, mais par la conceſſion qui luy a eſté faite d'icelle par les Eu. d'Orl. Et que telles conceſſions de Cures aux Monaſteres ſont recentes dans l'Egliſe, & long-temps depuis le ſiecle de Louis & Lotaire.

Et au regard du lieu de Micy, il eſt certain qu'au temps meſme que la Charte de Louis ı, & la Charte de Charles ıı ont eſté contrefaites, ce n'eſtoit auſſi qu'vn petit clouſeau, qui ne contenoit que partie de l'eſtenduë qu'ont aujourd'huy les cloſtures de ce Monaſtere, & n'auoit aucun droict ſur les heritages voiſins.

Cela ſe iuſtifie par ces termes de ladite Charte de Louis *lig. 34. altera verò ripa ſemper prædicti Cœnobij eſt poteſtatis, quamuis cuiuſcunque terra alterius iuris deſuper habeatur*: & par ces autres tout contraires de ladite Charte de Charles *lig. 22. ſic ſemper noſtri fuit iuris, cuiuſcunque terra alterius iuris deſuper haberetur*: Et enfin par les *Contracts* que les Feüillans ont produit contenans les acquiſitions qu'ils ont faites aux deux coſtez des cloiſtres au long de Loire & Loiret ; Et il n'y a gueres plus de cinquante ans qu'il s'eſt élargy & accreu de pluſieurs heritages contigus qui luy ont couſté l'alienation du moulin du Pont d'Oliuet.

Cela eſtant vray, comme il eſt, quelles pouuoient donc eſtre les appartenances & dépendances du lieu de Micy alleguées par leſdites Chartes de Louis & de Charles ? Les riuieres de Loire & Loiret n'en dépendoient point originairement, puis qu'il ſe les attribuë par ſes Chartes. Et pour ſe taire icy de la Loire comme n'eſtant de noſtre ſujet : Ladite riuiere de Loiret n'appartient point auſſi à ce Monaſtere ny par ſa fondation, ny par conceſſion poſterieure : la raiſon en eſt que cette Charte, & celles rapportées entre les preuues †. 1. 2. 5. ne la luy donnent pas, & que les autres Chartes en parlent auec tant de contradictions, qu'il eſt vray de dire qu'il n'a rien dans Loiret.

Ces contradictions ſont manifeſtes ; Il dit en celle de Louis & Lotaire ı *lig. 29. & ſuiu.* que Clouis luy a donné l'eſpace de cette riuiere, qui eſt depuis ſon emboucheure iuſqu'au moulin de Dromedran, lequel il deſcrit au deſſous du Pont S. Meſmin, & qu'au moyen de ce don il luy a toûjours appartenu depuis ce temps-là auec ſon bord. Au contraire, il dit *lig. 14. & ſuiu.* de ſa Charte ıı que Charles le Chauue fils & ſucceſſeur de Louis luy a donné à la charge du cens ce meſme eſpace de riuiere appartenant auec ſon bord au Domaine, & qu'à ſa priere ce Prince luy a depuis quitté & remis a perpetuité ledit cens dont il eſtoit chargé. Et derechef tout au contraire par celle de Hugues, o. *lig. 14.* il ſe donne permiſſion de peſcher vn iour & vne nuict toutes les ſemaines dans le meſme eſpace de riuiere lequel il reconnoiſt appartenir au Domaine. Et au contraire, il dit par ſa Charte de Robert, v. *lig. 19. & 32.* que Clotaire luy a donné ce meſme eſpace de riuiere. Il faut donc inferer de ces contradictions que cét eſpace de riuiere ne luy appartient pas.

Quant à la portion de la meſme riuiere depuis le moulin de Dromedran iuſqu'au deſſus du Pont d'Oliuet, la Charte de Hugues o. ne la luy donne pas, non plus que les precedentes ı. ıı. non. autrement celle de Robert v. inutilement luy donneroit *lig. 78.* des moulins y ſituez auec l'eau dépendante d'iceux : inutilement auſſi *lig. 85.* elle luy confirmeroit la permiſſion d'y peſcher vn iour & vne nuict châque ſemaine. Au contraire ſi on en croit Helgaudus, V. 2. c'eſt au Monaſtere de Fleury ſur Loire, & non pas à ce Monaſtere que Robert a donné toute la peſche de Loiret ; duquel dire d'Helgaudus les diuers proprietaires de cette riuiere, ny meſme ce Monaſtere, ne demeurent pas d'accord.

Tout de meſme *la Seigneurie & Iuſtice* n'ont pas eſté originairement des dépendances du lieu de Micy: car sous la domination Romaine, durant laquelle ce Monastere a commencé, & sous la premiere race de nos Roys, il n'y auoit ny fiefs *u.* ny droiĉts de Seigneurie & Iuſtice adherens aux terres: de maniere que ces termes *noſtri fundum iuris Miciacum lig. 9.* n'emporteroient aucune prerogatiue pour le lieu de Micy, quant meſme il auroit pû appartenir au Domaine, lors de l'eſtabliſſement de ce Monaſtere: Et s'ils en emportoient quelqu'vne ç'auroit eſté au profit de l'Egliſe d'Orleans à laquelle, fondez ſur le droiĉt commun. ſ. *D. 3.* & ſur les Lettres Patentes *A*, confirmatiuës du Priuil. de Ionas, nous auons remarqué que le lieu de Micy appartient en pleine proprieté, & que ce Monaſtere n'en a que l'vſage.

Elles n'appartiennent pas auſſi à ce monaſtere par ſa fondation, puiſque cette Charte & celles rapportées entre les preuues †. ne les luy donnent point, voire meſme ne luy donnent pas Exemption de la Iuriſdiĉtion ordinaire, en vertu de laquelle, me comme contenant *r. 1.* vne tacite conceſſion de Iuſtice, il ait eu droiĉt d'auoir vn Iuge pour vuider ſes differends, & ceux de ſes gens.

Elles ne luy appartiennent auſſi par aucune conceſſion poſterieure, puiſque ſa Charte de Robert, qui ſeule parle de Seigneurie & Iuſtice, & toutesfois ne luy en attribuë point, a eſté ſuppoſée au 16. ſiecle ſeulement.

Il s'enſuit au regard de la Iuſtice, que le Roy ne s'en eſtant point deſſaiſi, elle luy appartient encore.

Quant à la Seigneurie direĉte de Loiret, & de ſes bords dans l'eſtenduë du païs appellé aujourd'huy S. meſmin, les Chartes de ce Monaſtere monſtrent que ç'a eſté ſur l'Egliſe d'Orleans que l'vſurpation a eſté faite, & non ſur le Roy, *puiſque* Louis le Debonnaire *A*, a reconnu que Micy & ſes dépendances appartiennent à l'Egliſe d'Orleans, & qu'elle n'en preſte que la ſimple ioüiſſance à ce monaſtere, *puiſque* la Charte de Louïs, *lig. 35.* & la Charte de Charles *η. lig. 22.* reconnoiſſent que les terres qui bordent Loiret ſont ~~mouuantes d'~~ Seigneurs que de luy, puiſque l'Iſle qui eſt prés la bouche de Boillon, & l'Iſle appellée aujourd'huy Tancreniere, ont toûjours appartenu en Franc aleu à des particuliers; puiſque la Charte de Robert *v. lig. 78.* remarque que la cenſiue, au dedans de laquelle les moulins y mentionnez ſont ſituez, ſe paye jour & feſte de S. Croix en May, qui conſtamment eſt celle de l'Egliſe d'Orleans, laquelle a encore grande eſtenduë aux deux coſtez de Loiret; au lieu que la cenſiue du *Roy eſt payable aux iours de Touſſainĉts.* Z *et Chandeleur.*

Et ainſi de quelque coſté qu'on conſidere cette Charte, & la fondation de ce Monaſtere y mentionnée, on y voit par tout le menſonge & la mauuaiſe foy.

Les remarques cy-deſſus ſont conjonĉtement la preuue infaillible que toutes les Chartes ſuiuantes ont eſté pareillement ſuppoſées: C'eſt pourquoy on en remarquera ſeulement quelques circonſtances qui leur ſont particulieres.

L A CHARTE ſ DE LOVIS le Debonnaire, & Lotaire, dont leſdits Religieux ont auſſi produit vne copie informe, eſt fauſſe & ſuppoſée. Elle a eſté fabriquée dans ce Monaſtere; cela ſe voit par la conference de la note du lieu de l'expedition d'icelle *Aĉtum Aquiſgrani palatio,* auec ces termes en la ligne 38. *& vltra fluuium Ligeris habet villam Berary, quæ dicitur Capella S. Maximini, & Ceriſiacum...* Car tous ces lieux-là ne ſont *vltra Ligerim* delà la Loire, qu'au regard de ce Monaſtere, & non au regard d'Aix en Alemagne, au regard de laquelle Ville ils ſont *cis Ligerim,* deçà la Loire.

Elle a eſté fabriquée à contre ſens ſur les Lettres de confirmation *A.* du priuil. de Ionas Eu. d'Orl. Cela ſe iuſtifie formellement par la conference de l'vne auec l'autre.

Elle a eſté fabriquée depuis que le Chartulaire d'Adam a eſté ſuppoſé: cela ſe démonſtre par la conference des Certificats de collation de la ſuſdite

Chatte « de Clouis & de celle-cy, par lesquels il se voit que celle de Clouis a esté extraicte du plus ancien Chartulaire couuert de Veslin, & celle-cy d'vn plus recent couuert de carton. Or l'ancien Chartulaire contenant dit *Adam lig. 7. de sa preface*, *a. 1.* toutes les Chartes & titres de ce Monastere iusqu'en 1257. du nombre desquels auroit deu estre celle-cy, puis qu'elle est datée de l'an 836. & le Chartulaire couuert de veau en carton ne deuant par consequent contenir que les pieces faites depuis 1257. il s'ensuit necessairement que puisque cette Chatte a esté tirée du nouueau & non de l'ancien Chartulaire, elle a esté supposée depuis l'ancien Chartulaire.

Cette supposition se iustifie par sa date, & par l'allegué *lig. 21.* de Ionas & de Hieremie Archeuesque de Sens. Car cette Chatte n'est point du 14. deuant les Cal. de Mars 836. an. 23. de Louis, puisque *Hieremie* du consentement & en presence duquel elle a esté faite, dit-on *lig. 21. 22.* estoit mort *F. 1.* dés l'an 828. ou au plus tard 829. & que delà en auant on ne le trouue plus dans les monumens publics, mais au lieu de luy Aldricus *F. 2.* son successeur ; & par consequent Hieremie estant mort dés l'an 828. ou 829. & le Siege Episcopal de *Sens* estant remply de la personne d'Aldricus dés l'an 830. Hieremie, qui ne viuoit plus, ne pouuoit en 836. donner son consentement à Ionas sur le fait de cette Chatte. Quant à *Ionas*, outre qu'il n'auroit eu besoin de ce consentement, puis qu'il n'obligeoit à rien son Eglise, & n'alienoit rien par cette Chatte, au contraire receuoit la commende de ce Monastere qu'on supposoit n'estre pas sous sa Iurisdiction : ses Escrits font voir combien il estoit iudicieux & seuere, & qu'il n'auroit iamais voulu estre autheur des paroles insolentes, & iniurieuses à la dignité Episcopale, & des fausitez qui composent cette Chatte depuis le commencement iusqu'à la fin, sans mélange d'aucune verité. *Elle se iustifie encore par la conferure du priuilege d'Arnulphue, D . . . & autre . . .*

. . . l'on tire encore vne pieue euidente de la supposition de cetteChatte:premierement sa clause finale lig. 113. nomine nostro, & eorum qui præsentes adeant, titulare voluimus, ne fut introduite *a. 9.* que sous le premier âge de la 3. race de nos Roys, lesquels contre ce qui s'estoit *a. 2. 8.* pratiqué iusques-là, faisoient contre-signer leurs Lettres Patentes & Ordonnances par les cinq principaux Officiers de leur Maison & Couronne, c'est à sçauoir par le Seneschal ou Grand Maistre, par le Chambellan, par les Bouteiller, Connestable & Chancelier, lequel de plus apposoit le Sceau & la date : Soit que ces Roys creusient (dit Faulchet 1. Orig. 12.) que ces Officiers estant toûjours prés de leur personne à cause de leurs Charges, ils deuoient estre témoins des commandemens, actes, & octrois de consequence qui partoient d'eux : Soit que (ce qui n'est pas hors d'apparence) leur dessein fut de se rendre les Grands Seigneurs de l'estat plus fideles par cét honneur extraordinaire.

Au contraire les Roys de la 2. race, comme Louis & Lotaire, n'ont iamais fait recorder leurs Lettres & Ordonnances par aucuns témoins, mais seulement *a. 8.* les signoient & faisoient contre-signer par leur Chancelier à l'exemple des Roys de la 1. race *a. 3. 5. 6.* & ainsi on ne connoissoit pas de leur temps cette clause par laquelle finit cette Chatte, *nomine nostro, & eorum qui præsentes aderant ititulare voluimus* : Mais on y voyoit le sein du Roy, & le contre-seing, qui manquent icy.

En second lieu, on n'escriuoit pas en Chancellerie aux termes que celle-cy est conceuë. On n'auroit pas fait parler ainsi ces Princes par vn soloecisme, *lig. 1. 2. Ludonicus & Lotarius FILIVS EIVS... notum fieri volumus* : Ny en ces termes, *lig. 24. possessiones quas gratia Dei possident*; & *lig. 13.16. 19. Ambitiosa cupiditate, aut fastu, superbia... neque vllam tyrannidis dominationem supra Monachos, familiam, mancipia seruos, exerceat... nec aliquid in dominio proprio inuadat vel abstrahat*, & autres semblables iniurieux aux Euesques : ils resientent vn Conuent qui n'auoit plus ny pieté

ny honneur, tel que cettuy-cy fut le siecle passé, d'où s'est ensuiuie en 1608. l'ex-
pulsion de ses moines, & l'establissement des R. Feüill. en leur place, iamais Louis
le Débon. quelque offense qu'il ait receuë des Euesques, ne les a mal-traité de paroles, iamais il n'a appellé leur Iurisdiction & leurs droicts Episcopaux, faste, su-
perbe, tyrannie, volleries, extorsions, comme fait cette Charte: iamais Ionas
n'auroit employé tels termes contre la dignité Episcopale. Mais laissons-là ses termes, & ce qu'elle suppose, *lig.* 7. 8. de la fondation de ce Monastere par Clouis,
qui a esté suffisamment refuté cy-deuant; & venons aux autres preuues.

La *declaration & denombrement des biens* depuis *la lig.* 24. iusqu'à la fin, monstre
sa supposition: Iamais Clouis, Chlodomir, Chlotaire, Chilperic, Dagobert,
Thierry, Pepin, Charlemagne, predecesseurs de Louis & Lotaire, n'ont donné à
ce Monastere les biens y énoncez, & iamais, quoy qu'il suppose, *lig.* 23. il n'en a
esté en possession. Adam le persuade, qui dit en sa Preface *a.* 1. qu'il a copié toutes
les Chartes & Priuileges de ce Monastere, de peur qu'il ne s'en perdist quelqu'vne,
& met en teste celle de Clouis, *a.* 2. laquelle il cotte *Priuilegium* 1. & celle-cy en
suitte, laquelle il cotte *Priuilegium* 2. auec cette Epigraphe, *Incipit de Ludouico Imp.*
& possessionibus ab eo confirmatis, & n'en a mis aucune de tous ces Roys là. La difference manifeste qui est entre cette Charte & celles de Clouis, †. *a.* 2. touchant la
dot de ce Monastere, Entr'elle, *lig.* 28. *& suiu.* & celles de Charles *lig.* 9. 10. & de
Hugues, *lig.* 11. *& suiu.* touchant la proprieté de Loiret: Entr'elle *lig.* 49. celle de
Charles *lig.* 25. & celle de Robert *lig.* 32. touchant celuy qui a donné cette riuiere:
Entr'elle, *lig.* 34. & celle de Charles *lig.* 22. touchant la proprieté de son bord:
Entr'elle, & celle de Robert en toutes leurs estenduës au regard des biens &
des biens-faicteurs, persuade la mesme chose; & que ny Ionas & Hieremie, citez faussement *lig.* 21. ny Louis & Lotaire, n'ont veu aucunes Chartes desdits Roys: Ioint que s'il y en eust eu, Charles, Hugues & Robert eussent parlé de
mesme façon; ce qu'ils n'ont pas fait.

Disons plus, Ionas & Hieremie, & apres eux Louis & Lotaire, ne peuuent auoir
dit *lig.* 37. que Clouis a donné à ce Monastere l'Aleu Monboric, assis à Orleans
entre les Eglises de S. Estienne & de N. D. de Bonnes nouuelles, parce que cette
Eglise de Bonnes nouuelles n'estoit pas encore, & n'a esté bastie & fondée que 209.
ans apres la date de cette Charte par le Roy Robert *G.*

Ils ne peuuent auoir dit *lig.* 36. que Clouis a donné à ce Monastere l'Eglise de
S. Mesmin, assise à Orleans, puis qu'elle appartenoit encore à l'Eglise d'Orleans
au temps de Ionas, & est contée entre celles qui luy furent restituées par Louis le
Debonnaire *I.* 2. & que ç'a esté Ionas qui l'a vnie à ce Monastere. *A. 3.*

Ils ne peuuent auoir dit *lig.* 61. que Chilperic luy a donné les Casseaux &
Chastainuilliers au Païs d'Estampes, *Cassellas & Castaneum-Villare in pago Stam-*
pensi, puisque ç'a esté Ionas qui luy a donné ces deux terres *A. 3.*

Ils ne peuuent auoir dit *lig.* 71. *& suiu.* que Pepin & Charlemagne luy ont donné des terres dans le Limosin & Poictou, & ils n'en peuuent auoir veu des Lettres
de don, puis qu'ils auoient veu ce Monastere desert & en ruine sous ces Princes *K,*
& sçauoient qu'il n'y auoit eu personne dedans pour receuoir leurs liberalitez, personne pour en vser. En voicy la preuue peremptoire. On sçait les grandes Guerres
dont l'Estat fut trauaillé durant le Gouuernement de Charles Martel, & les reme-
des violens que ce grand homme fut *H.* 1. 2. 3. obligé ou d'employer, ou de tole-
rer. L'Eglise y souffrit extremément de toutes parts, mais en particulier le Diocese d'Orleans, pour quelque mécontentement de Charles. On remarque *I.* 1. la
perte que fist la Cathedrale de ses fonds d'heritages, de ses meubles & ornemens, &
de partie de ses titres; & l'impuissance où elle se vist de faire & continuer le diuin
Seruice, iusqu'à ce que Charlemagne & Louis y remedierent. On compte *I.* 2. par-

tie des Eglifes & Monafteres du Diocefe qui auoient efté enuahis, & eftoient de-
meurez iufques-là en main laïque ; ce qui eftoit arriué en confequence de la refolu-
tion du Concile de Liptine, *H. 2.* confirmée par le Concile de Piftes, contenant
qu'en confideration des guerres, dont l'Eftat eftoit menacé du cofté d'Aquitaine par
Waiffier, & (dit ailleurs l'Hiftoire) par Taffilon du cofté de Bauieres, les Eglifes
& Monafteres, & leurs biens poffedez par les Laïques, demeureroient entre les
mains des detenteurs, à la charge de reuerfion aux Eglifes dont ils dépendoient, &
de leur payer cependant pour iceux par chacun an, tant que le precaire dureroit les
champarts & dixmes, *nonas & decimas*, & certaine rente fonciere.

On nomme *I. 2.* ce Monaftere entre ceux qui furent reftituez à l'Eglife d'Orleans, en execution de la derniere volonté de Charlemagne, par Louïs le Debonnaire ; mais bien éloigné de cette fplendeur & opulence que cette Charte expofe ;
car *K. 1. 2. 3.* il n'y auoit pour lors perfonne dedans, & s'il reftoit encore quel-
ques-vns des anciens fonds deftinez pour fa fubfiftance, c'eftoit en tres-petit nombre. Theodulphe Eu. d'Orl. prift à tafche *K. 1.* dit Lætaldus Moine Benedictin,
qui viuoit dans ce Monaftere durant les regnes de Hugues & de Robert, de le refta-
blir ; Il fift venir de Languedoc des Benedictins, il les y eftablit, il affecta quelques biens de fa menfe pour leur fubfiftance. Ce reftabliffement qui fe fift auant
l'an 817. eft remarqué en paffant dans la Charte de Charles le Chauue *I. 2.* de
l'an 841.

Ionas fucceffeur de Theodulphe y fift *A. 3.* en 826. quelques reglemens pour
la conferuation de la difcipline fous l'auctorité Epifcopale, leur permift d'élire leurs
Abbés, leur affigna quelques autres fonds, & l'Eglife de *S. Mefmin intra muros*,
appellée à prefent l'*Aleu S. Mefmin* : vouluft qu'ils ménageaffent eux-mefmes
tous les biens affectez au Monaftere, *fous la referue* à fon Eglife & à luy de leur fu-
periorité & droicts, & de la proprieté defdits biens a perpetuité.

Voila l'eftat de ce Monaftere, & les feuls biens dont il a iouy fous Louïs le Debonnaire, & fous Charles le Chauue : quoy qu'il fuppofe par fes Chartes de Louïs
& de Robert. Et quand il n'auroit rien perdu aux rauages & incendies que les Nor-
mands firent deux fois en dix ans *O. 2.* à Orleans, & Païs d'alentour, Nous ne pou-
uons douter qu'il ne fuft toûjours en vne extréme pauureté iufques fous le regne de
Robert, puis qu'il nous l'apprend luy-mefme par vne Requefte qu'il fuppofe auoir
prefentée au Pape Iean, *K. 2. 3.* par laquelle il décrit en trois mots cette fienne
defolation commencée fous Charles Martel ; dit qu'il ne luy eftoit refté hommes
ny biens ; que fon reftabliffement s'eftoit fait lentement, non par le recouurement
d'aucuns fonds enuahis fur luy, mais par les aumofnes des gens de bien qui l'a-
uoient fait fubfifter tellement quellement iufqu'au iour de ladite Requefte ; & demande à fa Sainteté confirmation de certaine donation de biens a luy faite *par dom-
na Regina* : On ne peut douter de ladite Requefte, puis qu'il la conferue dans fes
Archiues, où elle a efté veuë & maniée de plufieurs, & particulieremét dudit D. Pierre
de S. Romuald Feüillan celebre, contre lequel ce Monaftere n'a rien à dire. Ce
bon Religieux, qui (au moins il l'a efcrit en diuers endroits) pendant quelques
années qu'il a vefcu dans ce Monaftere, a manié & eftudié tous fes titres, parle de
ladite Requefte en fes notes *K. 3.* fur l'epitome de la Chronique d'Ademar à l'an
995. & en rapporte vn lambeau confiderable.

Tant de témoignages domeftiques & publics ne permettent qu'on doute du pi-
teux eftat de ce Monaftere fous Charles Martel, Pepin & Charlemagne, & par
confequent que ces Princes n'auoient garde de penfer à luy donner des terres dans
le Limofin & Poictou : ny pareillement qu'on doute du peu de bien dont il iouïf-
foit fous Louïs le Debonnaire, par le benefice feul de Theodulphe & de Ionas, &
de l'Eglife d'Orleans, & confequemment de la fauffeté de cette Charte, en ce

qu'elle fuppofe *lig.* 81. que Louïs le Debonnaire a donné priuilege à ce Monaſtere d'auoir ſur les riuieres (obſeruez l'arrangement d'icelles) de Loire , Seine ,
Marne , Cher , Vienne, Sarte, Mayenne & Loir, trois batteaux Marchands, francs
& quittes de toutes impoſitions & couſtumes.

Sa fauſſeté paroiſt encore *lig.* 25. en la ſuppoſition du don de riuiere dans les riuieres de Loire & Loiret par Clouis, veu la preuue faite en l'examen de la Charte
de Clouis, que ce Monaſtere n'en a eu iamais aucune conceſſion.

Enfin elle eſt fauſſe , en ce qu'elle porte de la Commende de ce Monaſtere,*lig.*14.
& *lig.* 100. & de l'élection de ſes Abbés , *lig.* 91. Si nos Roys ont parlé dans leurs
Chartes de l'élection des Abbés , & autres Priuileges donnez aux Monaſteres par
les Eueſques , c'eſtoit en confirmant leſdits Priuileges , dont nous voyons vn exemple dans les Lettres de Louïs & Lotaire, *A.* mais ils n'en ont iamais rien ordonné
de leur chef: Ce poinct a eſté demonſtré en l'examen de la Charte de Clouis. Quant
aux Commendes , il eſt certain en droict qu'il n'y en auoit point encore au
temps de Louïs & Lotaire, & qu'elles n'ont eſté inuentées qu'en ces derniers ſiécles.

Celle-cy a cela de ridicule, qu'elle eſt donnée à Ionas *lig.* 6. & ſuiu. & *lig.* 101.
aux fins d'y reſtablir la diſcipline reguliere : & toutesfois *lig.*94. elle luy fait tres-
expreſſes inhibitions & deffenſes d'en approcher , ſi ce n'eſt pour y prier Dieu , ou
pour y celebrer la Meſſe, ſi la Communauté l'en prie ; défenſes *lig.* 90. de s'entremettre en aucune façon des affaires du Monaſtere, meſme aduenu le decès de
l'Abbé:défenſes *lig.*16. de prendre aucune connoiſſance du déreglement & mauuais
ménage, dont en cas qu'il en arriue il ſe reſerue toute la connoiſſance, *lig.* 99. Cela
n'a point de rapport au deſſein y propoſé , & Ionas ne peut auoir pourſuiuy ny ac-
cepté cette Commande.

LA CHARTE *n.* DE CHARLES AVGVSTE , dont leſdits Relig. on. auſſi produit
vne copie informe, a eſté ſuppoſée enuiron le meſme temps que celle de Robert : La ſuppoſition n'en peut eſtre reuoquée en doute ; car il faudroit que ce
Charles Auguſte fuſt l'vn des trois qui ont eſté Empereurs, parce qu'il n'y a eu
qu'eux trois qui ayent precedé Hugues Capet , & que ſa Charte *o lig. 8.* parle de
celle-cy. Or , il eſt certain qu'elle n'eſt emanée d'aucun d'eux : car outre que *ſa
clauſe finale* n'eſt point celle *a. 8.* dont on vſoit ſous la 2. race de nos Roys, il eſt
infaillible de dire qu'elle n'eſt point *de Charlemagne*, puiſque Louïs le Debonnaire
ſon fils ne luy attribuë pas, mais à Clouis, le don de Loiret, *lig.* 25. & 49. puis
qu'auſſi ce Monaſtere *I. K.* eſtoit deſert ſous le regne de Charlemagne, & n'auoit
perſonne pour demander , perſonne pour poſſeder les bienſfaits de ce Prince. Elle
n'eſt pas de *Charles le Gros*, car il n'a eſté Roy de France & Empereur que fort peu
de temps, *L. 1.* ayant eſté fait Empereur en 881. Roy de France en 884. depoſſedé
de l'vne & l'autre Couronne en 887. & eſtant mort en 888. au lieu que cette Charte
cotte l'an 20. du regne. Il reſte qu'elle deuroit eſtre *de Charles le Chauue*, lequel a
regné 37. ans , *L.* 2. 3. mais elle n'eſt pas de luy : Cela ſe iuſtifie par *ſa date*, & par
le *lieu de l'expedition* : *Datum Id. Sept. anno* 20. *Actum Aurelianis in Curia publica*.
Car l'an 20. du regne de ce Prince commença le 12. deuant le Kal. de Iuil. 859. à
conter du iour du decès de ſon pere arriué à pareil iour en 840. *L.* 2. 3. Or , il ne
pouuoit eſtre à Orleans aux Ides de Sept. 859. Ce faict eſt clair.

Louïs Roy d'Alemagne auoit , *M.* 1. ſous pretexte du bien public, fait irruption
en France auec vne puiſſante Armée dés le mois de Septembre 858. auoit trauerſé le
Païs *M.* 2. iuſqu'à Orleans , & retourné preſque par le meſme chemin , s'eſtoit
campé à Attigny, & y auoit tenu ſes quartiers d'hyuer.

Charles commença *M.* 3. ſa campagne contre luy en 859. & l'ayant pouſſé hors
de France , tint diuers Synodes en pluſieurs endroits loin d'Orleans , vers la fron-

tiere d'Alemagne, & entr'autres lieux à Mets le 5. deuant les kal. de Iuin, à Lengres enuiron le mesme temps, à Sauonnieres prés Toul le 12. deuant les Kal. de Iuill. bailla a ce dernier Synode sa plainte contre Wenilon Archeu. de Sens le 1. de Iuill. fist accord auec Lotaire & Charles ses Neueux, & le Synode finy s'en alla en l'Isle du Rhin assise entre Coblents & Andernac, lieu assigné pour la conference entre Louis d'Alemagne & luy, laquelle ayant duré long-temps sans effet fust enfin transferée à Basle au 25. d'Octobre ensuiuant.

Entre ces deux traitez Charles n'approcha pas d'Orleans. Trois choses le font conclure : La 1. les circonstances de ladite plainte contre Wenilon, de son accord auec ses Neueux, de son voyage & séjour en l'Isle du Rhin, toutes lesquelles choses doiuent auoir duré au delà des Ides de Septembre. La 2. qu'au sortir de l'Isle du Rhin, il demeura ferme entre son frere Louis, & ses Neueux pour obseruer leurs con-tenances : & cela est si vray, que le temps de la conference l'ayant obligé de partir pour se rendre à Basle, il retourna sur ses pas, ayant appris en chemin que Louis y estoit seul, & que Lotaire n'y estoit pas allé M. 4. & la paix ne fust point faite en cette année là, mais seulement l'année suiuante à Coblents, où N. ces Princes se rendirent le 1. iour de Iuin. La 3. qu'vne flote de Normans arriuée à S. Vale-ric, & les autres Normans qui tenoient leur fort dans Oscelle Isle de la Seine, ra-uageoient O. 1. les païs circonuoisins, & mesme prirent & pillerent S. Valeric, Amiens, Noyon & autres lieux ; ce qui fut vne autre obligation à Charles de ne pas quitter cette Frontiere au sortir de l'Isle du Rhin pour aller tenir les plaids à Or-leans en attendant le 25. d'Octobre, comme cette Charte le suppose *actum Aure-lianis in Curia publica*.

Les Annales de S. Bertin adioustent en cette mesme année 859. & en la prece-dente & suiuante, que Charles fust obligé par la necessité de ses affaires de donner aux Officiers de guerre & aux Seigneurs plusieurs Abbayes & plusieurs biens d'E-glise pour les retenir à son seruice, & de faire des grandes leuées sur le Clergé pour fournir aux frais de la guerre, & payer les rançons qu'il deuoit aux Normans: ce qui monstre qu'il estoit bien éloigné d'écouter ce Monastere. Ioinct que si ce Monastere eust eu à luy demander quelque chose apres le pillage d'Orleans & du païs d'alentour O. 2. par les Normans en 856. ce n'eust pas esté la remise d'vn cens de nulle consideration.

Le stile de cette Charte monstre aussi qu'elle est fausse ; on n'y voit ny la clause finale dont on vsoit lors *a. 8.* ny le seing du Roy & contre-seing du Chancelier, qui estoient necessaire *a. 3. 4.* d'ailleurs ne s'agissant par icelle que d'vne chose de petit prix, on n'eust pas employé mot à mot l'exorde de la Charte de Clouis qui est magnifique & pour grandes choses.

On n'eust pas, *lig. 6.* appellé *quidam Venerabilis Abbas nomine Petrus*, l'Abbé de ce Monastere, ny exprimé Loiret par ces termes *lig. 9. fluuius qui vocatur Lige-ritus* : On n'a jamais parlé ainsi des personnes & des choses notoires & connuës comme ledit Abbé & ladite riuiere l'estoient en Cour & à tout Orleans, où on suppose que la Cour residoit *actum Aurelianis*.

On n'eust pas dit *lig. 11. nostram poposcerunt beneuolentiam*, puis qu'on traitoit cét Abbé de *quidam*, & d'inconnu. On eust placé auec vne plus belle liaison *lig. 14.* la description de sa pretenduë riuiere dans Loiret. On n'eust pas dit *lig. 25. memoratum fluuium ad perpetuum statum Monasterij deseruiendum perenniter insti-tuimus atque decreuimus* (termes qui ne signifient rien) pour exprimer l'enterine-ment de la requeste de ce Monastere & la remise du cens à la charge duquel on sup-pose *lig. 9. & 10.* qu'il auoit obtenu sadite riuiere. On n'eust pas dit *lig. 31. va-leant nemine inquietante aut inhibente suorum dispositum liberrime quicquid elegerint fa-cere*, pour signifier la remise du cens & la confirmation du plein droict de proprieté

de

de ladite riuiere. On n'euſt pas dit *lig.* 32. *qui præſumpſerit aliquo modo inquietare, corporali vindicta punitus gehennali flamma tradatur cum diabolo in perpetuum cremandus*: car outre que la Chancellerie n'a jamais fait parler ainſi le Roy ; Il y a ce-cy de particulier en cette imprecation, qu'elle n'auroit jamais pû tomber que ſur Charles meſme, & ſur ſes ſucceſſeurs Roys ; parce que ſuppoſé que l'eſpace de Loiret y deſigné appartint au Domaine, il n'y deuoit auoir que le Roy qui pûſt & deuſt empécher à ce Monaſtere l'effect de cette conceſſion ; de fait que la Charte o. expoſe *lig.* 6. que ce Monaſtere s'eſt addreſſé à Hugues, & luy a demandé confirmation du contenu en cette Charte touchant ledit eſpace de riuiere ; Et Hugues ne la luy accorde point par icelle, mais luy permet ſeulement *lig.* 14. d'y peſcher vn jour & vne nuict par chaque ſemaine. Il y aura peut-eſtre eu par hazard au defant de l'Hiſtoire, qui n'en dit rien, quelque Contemplatif dans ce Monaſtere qui aura veu en ſes viſions que Hugues a eſté tres-bien eſtrillé de ſon viuant, & qu'il brûle eternellement en Enfer auec le diable, pour auoir derogé à cette conceſſion.

Au fonds ne s'agiſſant par cette Charte que de la meſme portion de riuiere mentionnée en la Charte ẽ de Louis & Lotaire *lig.* 25. & ſuiu. Laquelle des deux croira-on ? ou celle de Louis qui attribuë à Clouis le don de ladite riuiere ? ou celle-cy de Charles, fils & ſucceſſeur de Louis, qui au contraire dit l'auoir luy-meſme baillée à ce Monaſtere à la charge du cens, & le quiter dudit cens ? On ne peut donc douter que cette Charte n'ayt eſté ſuppoſée. Et ſi ce Monaſtere euſt crû qu'elle euſt peu paſſer pour bonne, il n'euſt pas pour la mettre en credit au commencement du 16. ſiecle ſous vn allegué groſſier de renouuellement, & confirmation requiſe & non octroyée, ſuppoſé tout exprés ſa Charte v de Robert, comme il ſe voit *lig.* 7. & ſuiu. iuſques à la 18. *lig.* d'icelle.

Au reſte Charte telle qu'elle eſt, conuient en deux Chefs auec celle de Louis contre la pretenſion de ce Monaſtere : l'vn, remarqué en examinant la Charte de Clouis, que ſa riuiere s'eſtend tout au plus depuis la bouche de Loiret iuſqu'au Moulin de Dromedran ; de ſorte que quand il auroit pû acquerir quelque poſſeſſion en vertu d'icelle, ce n'auroit eſté que dudit eſpace, qui eſt au deſſous du Pont de S. Meſmin, ſuiuant la deſignation qui eſt faite de ſes bornes en cette Charte, *lig.* 14. & en celle de Louis *lig.* 29. & il n'auroit pû rien pretendre au deſſus dudit Pont.

L'autre chef, remarqué auſſi dans ledit examen, eſt *lig.* 15. & ſuiu. que les heritages de Marcaſius, de l'Egliſe d'Orleans & autres, font le bord de Loiret dans ladite eſtenduë du coſté de S. Hilaire ; & *lig.* 19. que le chemin public eſt ailleurs, & *lig.* 22. que les heritages qui forment l'autre bord au long du Monaſtere appartiennent à autres qu'à ce Monaſtere, & ſont mouuans d'autres Seigneurs que de luy & du Roy. D'où il reſulte que ny ce Monaſtere, ny le Roy, n'ont que voir ſur les bords de Loiret, comme il a eſté monſtré au lieu ſuſdit.

LA Charte o DE Hvgves Capet, dont leſdits Religieux Feüillans ont auſſi produit vne copie informe, a les meſmes defauts que celle de Charles ẽ. & les meſmes marques de ſuppoſition. On y voit mot à mot & auec la meſme incongruité *lig.* 1. le meſme exorde, & *lig.* 3. le meſme expoſé, & *lig.* 6. la meſme faute à traiter de *quidam Venerabilis Abbas nomine Amalricus*, l'Abbé de Micy homme qui deuoit eſtre fort connu en Cour & à Orleans, où on ſuppoſe *lig.* 20. que la Cour eſtoit lors. On y voit pareille incongruité à s'énoncer, & de plus vne beüeuë qui emporte nullité, & monſtre que celuy qui a fait cette piece n'eſtoit pas Clerc en Chancellerie, car elle n'expoſe, ny ſi le priuilege de Charles dont elle parle *lig.* 8.

B

auoit esté trouué en bonne forme, ny ce qu'il contenoit, ny sa date, choses qui de-uoient & auoient accoustumé d'estre obseruées : Et, qui pis est, elle ne confirme pas ledit priuilege, au contraire elle ordonne *lig. 13.* toute autre chose. On y voit pareille contradiction touchant Loiret, comme il a esté remarqué cy-deuant. On y voit la mesme clause finale, qui n'est point celle dont on vsoit *a. 8. 9.* soit sous la 2. soit sous la 3. race de nos Roys, & la mesme omission de la signature du Roy & du Chancelier.

Enfin en celle-cy, comme en la precedente, *le lieu* de l'expedition, & *la date,* *actum Aurelianis. Datum 8. Kal. Septemb. anno 1. regnante Hugone* monstrent qu'el-le est fausse. Hugues constamment n'estoit pas à Orleans le 25. Aoust 987. six se-maines apres son Sacre fait à Reims *P.* le 3. jour de Iuillet precedent : il auoit trop d'affaires ailleurs ; & il n'y alla plus-tost qu'au mois de Decembre de la mesme année *S. 1. 2.*

Ayant esté éleué à la Couronne en la maniere que tout le monde sçait, il auoit auant que partir de Reims à mettre ordre par tout, contenter ceux qui l'auoient éleu Roy, gaigner ceux qui luy auoient esté contraires, s'asseurer des Places, des Prouinces, des troupes. Le sens commun persuade cela.

Cependant Charles de France *Q. 1. 2. R. 1. 2.* qui se pretendoit Roy, & trai-toit Hugues de rebelle, estoit accouru de Loraine auec vne Armée pendant qu'on luy leuoit d'autres trouppes, & s'estoit par intelligence saisy de Laon pour lors se-jour de nos Roys, où Hugues l'inuestit incontinent auec ce qu'il auoit de troup-pes. Ce siege *Q. R.* qui dura prés de deux mois, fut dissipé par vne sortie de Charles, lequel força les retranchemens de Hugues, le battist, le chassa, brûla son camp, & poursuiuant sa pointe se saisist de Montaigu, rauagea le Soissonnois & les enui-rons de Reims, se rendit maistre de cette Ville là par intelligence auec son parent Arnulphus qui en estoit Archeuesque, comme il se voit par les actes du Synode te-nu à Reims en 991. *S. 3.* quoy qu'il ne pust se faire Sacrer *R.* parce que Hugues tenoit les aduenuës auec ce qu'il auoit pû ramasser de trouppes ; prist quelques au-tres places, & se retira chargé de butin à Laon, où Hugues trouua des amis qui luy liurerent, & la place, & Charles auec sa femme fille de Hebert Comte de Cham-pagne *Q. 2. R.* Et ayant conuoqué les Estats à Orleans à la Feste de Noël ensui-uant, il y mena ses prisonniers, les enferma dans vne Tour, & le 1. jour de Ian-uier *R. S. T.* fist couronner son fils Robert qui regna auec luy. Voila ce que fist Hugues, & où il fust en 987. toûjours occupé loin d'Orleans iusqu'en De-cembre.

Il est vray que *Sigebert Q. 1.* fait durer cette guerre iusques en l'an 991. toûjours à l'auantage de Charles, la mort duquel il pose en cette année là, sans re-marquer où elle arriua. Mais il n'a pas eu de bons memoires, puis qu'il n'a pas sceu la trahison de Laon, la prison de Charles & de sa femme, que cette Princesse estoit fille de Hebert Comte Champagne, qu'il eust d'elle deux fils en prison, qu'il y mourut apres y auoir veu prisonnier auec luy Arnulphus conuaincu de trahison, & deposé par le Concile de Reims *S. 3.*

Nangis suit Sigebert *Q. 2.* sinon qu'il parle de la prison de Charles, & des Enfans qu'il y eust, & rapporte cette prison en 990. & la mort de Charles en 991.

Mais le *consentement* des Escriuains contemporains persuade que toute cette guerre se passa en 987. & que Sigebert & Nangis plus éloignez de ce temps-là *Q. 3.* ne l'ont pas sceuë : car outre que les Estats generaux n'eussent pas consenty le Cou-ronnement de Robert, s'ils eussent veu Charles victorieux dans le cœur du Royau-me ; vn fragment de l'Histoire de France chez du Chesne *S. 1.* vne Chronique du temps finissant en 1015. *R. 1.* & la Chronique de frere Hugues de Fleury la racon-tent toute en 987. auec la prise de Charles, & le Couronnement de Robert, &

difent (ce que peut ou point d'Hiſtoriens ont touché) que Hugues qui eſtoit lors tout puiſſant en France, n'accepta la Couronne que ſur ce que Charles (déja fort mal-voulu en France) auoit eſpouſé la Fille de Hébert Comte de Champagne: ſoit que Hugues tint ce Comte pour ſon ennemy, ſoit qu'il le creuſt capable de le ſupplanter & ſe ſaiſir du Gouuernement eſtant beau-pere de Charles. Apres cela on ne peut douter que cette Charte n'ayt eſté ſuppoſée.

Au fonds prenant garde de prés à cette Charte, on voit qu'elle ne peut produire aucun effet à l'auantage de ce Monaſtere ; car elle ne confirme point la Charte de Charles : Elle ne donne à ce Monaſtere, ſinon *lig. 14.* vne ſimple permiſſion de peſ-cher vn iour & vne nuict toutes les ſemaines dans la riuiere du Domaine, qui y eſt deſignée depuis le moulin de Dromedran iuſqu'à la Loire : Et ce Monaſtere accepte ladite permiſſion de peſche. Il reſulte de ces trois choſes, que ce Monaſtere n'auoit aucun droict dans Loiret auant cette Charte.

Qu'on ne die pas que Hugues luy a donné ladite riuiere par vne Charte poſte-rieure ; la Charte *v* de Robert nous monſtre aſſez le contraire, en ce qu'elle luy donne *lig. 78.* deux moulins aſſis dans Loiret au deſſus de S. Hilaire auec *l'eau dé-pendente* d'iceux ; Et en ce que *lig. 85.* elle luy confirme ladite permiſſion de peſ-cher vn iour & vne nuict toutes les ſemaines dás la riuiere appartenant au domaine: car l'vn & l'autre auroit eſté inutile s'il euſt eſté Seigneur foncier de toute ladi-te riuiere. Ioinct qu'il a eſté monſtré à la fin de l'examen de la Charte de Clouis, que la Seigneurie directe de cette riuiere appartenoit à l'Egliſe d'Orleans & non au Roy : Et ainſi Hugues n'en a donné aucune partie à ce Monaſtere.

L A CHARTE DE ROBERT *v* dont leſdits Religieux ont auſſi produit vne co-pie informe, eſt conſtamment fauſſe. Elle l'eſt en l'aſſignation *lig.* 106. du lieu de l'expedition, *Actum Aurelianis* ; c'eſt dans ce Monaſtere, & non à Or-leans qu'elle a eſté faite, cela ſe prouue par ces termes *lig. 95. & in Capella S. Maxi-mini trans Ligerim* , car Orleans, & la Chapelle S. Meſmin, & autres lieux exprimez en ſuite, eſtans notoirement du coſté de la Beauſſe, *cis Ligerim* : On ne peut auoir dit ailleurs que dans ce Monaſtere, qu'ils ſont *trans Ligerim*.

Elle eſt fauſſe auſſi en SA DATE, car Robert fut Couronné à Orleans le 1. Ianuier 987. & l'Hiſtoire & les actes publics Q. 2. R. S. T. comptent de ce iour là les années de ſon regne : & ainſi l'an 28. de Robert tomba en l'an 1015. Indict. 13. & non en 1022. Ind. 5. Et qui voudroit ne compter ſon regne que depuis le decés de Hugues arriué en 997. ou 998. T. 2. 3. 4. trouueroit que l'an 1022. ſeroit le 24. ou le 25. & non le 28. de ce regne.

On a meſme changé *la date* de cette Chartte depuis que D. Pierre de S. Ro-muald Feüillan la veuë & maniée, car il a remarqué expreſſement *V. 1.* qu'elle a eſté donnée en l'an 1019. Et toutesfois l'an 1019. non plus que l'an 1022. ne quadre point auec le ſupplice d'Eſtienne, de Lizoius, & autres complices : ny auec l'Eſpiſcopat d'Odolric cottez en icelle pour notes de temps; car ces heretiques là furent punis à Orleans X. 1. 2. en 1017. le iour des Innocens : ce ne fut donc pas en 1022. n'y en 1019. Et S. Thierry fut Eueſque d'Orleans iuſques en 1022. X. 3. par conſequent ce fut durant l'Epiſcopat de S. Thierry que ces heretiques furent punis, & non durant celuy d'Odolric.

L E STILE monſtre pareillement qu'elle eſt fauſſe : Voyez l'Exorde, il a eſté pris manifeſtement d'vne Bulle Apoſtolique: comme les termes, auec leſquels *lig. 11. & ſuiu.* le Roy & la maiſon Royale ſont recommandez aux prieres de ce Monaſtere, ont eſté empruntez d'vn Teſtament de Villageois.

On ſe ſeroit ſeruy des termes ordinaires qui eſtoient ceux-cy, *Pro ſalute noſtra, &*

conjugis , & prolis , & imperij à Deo nobis collati , eiusque clementissimâ miseratione per immensum conseruandi stabilitate , & semblables. On auroit seulement parlé de la Charte de Clouis & de celle de Charles, puisque la requeste de ce Monastere *lig. 7.* estoit seulement pour ces deux-là. On auroit employé les termes prefix & ordinaires dans les confirmations de Chartes : Et au lieu de ces termes *lig. 15. tenore considerato placuit annotari possessiones,* termes qui n'emportent confirmation, on auroit suiuant l'vsage ancien inseré ou lescorps entiers, ou les clauses principales & les dates desdites Chartes. On n'auroit pas dit *lig. 17. possessiones quas gratiâ Dei possident,* ces termes ressentent le Conuent. On n'auroit pas dit *lig. 78. concedimus duos farinarios censuales, nihil soluentes in censu solido,* pour signifier le don & l'amortissement desdits moulins. On n'auroit pas dit *lig. 81.* des deux autres moulins assis en la Paroisse d'Oliuet, *concedimus & confirmamus in perpetuum,* termes qui ont esté pris toûjours pour indices de supposition de pieces, *Cap. cum inter dilectos 6. ex. de fide instrum.* Et supposé que ce Monastere fort pauure pour lors *K. 2. 3.* eust eu quelque chose qui eust pû faire enuie aux Officiers du Comté d'Orleans , & à Landry Seigneur de Baugency & à ses Enfans & Officiers , on n'auroit pas *lig. 86.* traité du terme de *brigandages* leurs droicts & leurs exploicts de Iustice, ny *lig. 90.* fait paroistre les enfans de Landry conjoinctement auec luy, ny exigé d'eux leur consentement & leur declaration , comme s'ils eussent esté Seigneurs auec leur Pere du Comté de Baugency : Et il est aisé à iuger que tout le narré, que cette Charte en fait, a esté formé grossierement sur quelque plainte baillée à Iustice ; & sur quelque transaction faite sur icelle entre des particuliers.

SA CLAVSE FINALE n'est celle dont on vsoit sous la 2. & 3. race de nos Roys *a. 8. 9.* & (qui est vn defaut essentiel) elle n'a jamais esté signée *lig. 105.* Et la date, qui ne s'appofoit encore en ce temps-là qu'apres les signatures, fait partie du corps de la Chatte comme aux Ordonnances modernes ; mais auec cette incongruité, qu'au lieu de continuer à y faire parler le Roy , & dire *Actum.. an.. regni nostri 28.* on a dit *An... regni Roberti Regis 28.*

LA COMPARITION, d'Odolric Euesque d'Orleans auec Albert Abbé *lig. 5.* est vne autre marque de sa fausseté, puis qu'il n'estoit pas encore *X.* Euesque en l'an 28. de Robert ; & qu'il n'auroit pû comparoit pour ce Monastere, puisque , comme suppose la Charte de Louis *lig. 6. & lig. 100.* le Roy en estoit seul Maistre, & ne permettoit à l'Euesque d'Orl. *lig. 90.* d'en approcher, ny s'entremettre des affaires d'iceluy, soit en qualité d'Euesque, soit en qualité de Comméndataire.

L'ALLEGVE DE LA POVRRITVRE des sceaux de la Charte de Clouis, & de celle de Charles *lig. 9.* est vne autre marque de sa fausseté, *puisque* ce Monastere n'a jamais eu de Charte de Clouis, *Et que* l'interuale de 110. ans qu'il y a eu entre la mort de Charles aduenuë en 877. & le Couronnement de Robert arriué en 987. auroit esté trop bref pour pourrir le sceau de celle de Charles , si elle eust esté veritable.

LA DECLARATION DES BIENS *lig. 18. & suiu.* iusqu'à la fin est vne fausseté continuelle : cela se iustifie par les mesmes raisons , qui ont esté remarquées contre celle de la Charté de Louis au regard des biens & des biens-faicteurs. Par la difference de l'vne & de l'autre , telle , qu'on diroit qu'elles concernent deux differens Monastere : Par son affectation à taire les bienfaits de l'Eglise d'Orleans , de Theodulphe & Ionas ses Euesques, de Tedelin , de la Dona Regina, *A. K.* Par ses contrarietez auec les autres Chartes , & auec elle mesme touchant Loiret , lequel elle dit *lig. 19. & 32.* auoir esté donné à ce Monastere par Clotaire ; au lieu que l'vne desdites Chartes en attribuë le don à Clouis , l'autre à Charles , l'autre à Hugues : Et oubliant qu'elle a dit que Clotaire luy a donné ladite riuiere indefiniment , c'est à dire toute entiere, elle dit *lig. 78.* que Hugues luy en a donné partie, & *lig.* 84. que Hugues luy a permis d'y pescher vn jour & vne nuict toutes les semaines ; Et que dira-il, si la Cour luy enjoint de faire veuë & monstrée au doigt & à l'œil des diuerses portions de Loiret, qu'il suppose luy auoir esté données par Clouis, par Clotaire, par Charles, par Hugues, qui toutes sont descrites au dessous du Pont de S. Mesmin depuis le moulin de Dromedran iusqu'à la bouche Loiret ? & de celle, où il voudroit pretendre auoir seulement la permission de pescher 24. heures par semaine, par concession de Hugues auec confirmation de Robert ? & de celle qui pourroit estre pretenduë par le Monastere de S. Benoist sur Loire ? *V.* 2.

LE DON DES BOIS DE S. AY attribué à Clouis *lig.* 45. *Boscum S. Agyli*, est vne autre marque de fausseté : S. Ay duquel ces bois portent le nom, fut conuerty au tombeau de S. Mesmin, y bastit l'Eglise, qui est aujourd'huy, donna partie de ses biens à ce Monastere *Y.* 1. & mourut *Y.* 2. vers la fin du regne de Gunthram, c'est à dire apres l'an 590. quatre-vingts ans apres la mort de Clouis ; ce n'a donc pas esté Clouis qui a donné lesdits Bois à ce Monastere ; aussi voit on que ny la Charte *α* de Clouis, ny celles rapportées entre les preuues † ny la Charté de Louis *ε* ne parlent desdits Bois de S. Ay. On en doit dire autant des autres Bois que cette Charte cotte contre la teneur de ladite Charte de Louis.

LA PERMISSION D'ESTABLIR par terre & par eau dans ses terres *lig.* 58. toute Seigneurie & Iustice, & tels peages & coustumes qu'il voudra, & *lig.* 81. de leuer sur ses Hostes & sur leurs heritages les mesmes tailles & redeuances Seigneuriales que sur les hommes de S. Mesmin, contient autant de faussetez que de mots. Premierement, si c'est Louis, qui l'a donnée, ce n'est donc pas Clouis comme les R. Feüill. l'ont mis en fait au procez, ce qui ne s'est pas trouué vray par l'examen de sa Charte. Mais ce n'a aussi esté Louis, *car* sa Charte ne le dit pas : *car* il n'y auoit encore ny fiefs, ny droits de Seigneurie & Iustice attachez aux terres ; *car enfin* le Roy, par ses Lettres de concession, n'auroit laissé à la passion de ce Monastere ny l'establissement de Seigneurie & Iustice, ny le reglement des droits d'icelle, comme fait cette Charte *lig.* 58. & *suiu.* D'ailleurs ce Monastere *deuenu* par ladite concession Seigneur haut Iusticier seroit deuenu au moins Seigneur direct des trois Isles, qui sont dans l'estenduë de la riuiere qu'il s'attribue : Or il ne l'est pas ; non celle des Bechets, puisqu'en 1543. il a reconnu *Z.* tenir à cens du Roy la portion qu'il a en icelle auec le moulin du Bac, & l'espace de riuiere appellé l'Eau le Roy : non comme il a esté dit, de la Tancreniere, & de celle qui est situëe prés la bouche de la riuiere de Boillon ; puis qu'elles ont esté de tout temps possedées en Franc-aleu par les proprietaires, au lieu desquels il est depuis nagueres par diuerses acquisitions. *Deuenu* Seigneur haut Iusticier, il auroit possedé noblement les moulins, riuiere & heritages qu'il a acquis au dedans de sa pretenduë Seigneurie, comme reünis à icelle : or ses Auteurs & luy ne les ont iamais possedé noblement ; cela se voit *par* ses Chartes de Louis *ε* & de Charles *ν* aux endroits où elles parlent de Loiret ; *par* cette Charte *υ lig.* 78. *par* sadite reconnoissance de cens *Z.* de l'an 1543. *par* le decret desdits moulins à tan en 1597. produit au procez, & autres pieces. *Deuenu* Seigneur haut Iusticier, il auroit leué & leueroit, ou autre pour luy, les peages & coustumes s'il en auoit esté leué autresfois ; & les coruées, s'il en auoit esté deu par les personnes : Or ny luy ny autres n'en leuent aucunes à S. Mesmin ; & il ne sçauroit prouuer qu'il ait eu iamais des hommes de corps, qu'on n'en monstre la fausseté. Cette Charte *υ lig.* 81. & celle de Philippes *ω* ne sont pas mesme d'accord de celuy qu'il suppose luy auoir donné droit sur les Hostes de S. Mesmin & sur leurs heritages.

Ladite Seigneurie est donc vne vsurpation qu'il a projettée sur les particuliers contre les autres Seigneurs, qui ne se sont encore remué, parce qu'il ne les a pas attaqué: Et la justice qu'il occupe est vn attentat sur l'auctorité du Roy.

Le don des bois de Chorene, & autres biens en Saulongne, *lig.* 67. supposé faict par l'Empereur Lotaire seul, c'est à dire après la mort de Louïs le Debonnaire, est vne autre marque de fausseté. Lotaire n'a eu par partage, L. 2. ny la Saulongne, ny biens en Saulongne, ny mesme du viuant de son pere le Gouuernement de la partie de France où elle est située : Elle appartenoit, L. 2.) à Charles le Chauue, lequel eut en partage, non seulement toute la France que Louïs le Debonnaire luy auoit donnée dés l'an 837. mais encore tout le Royaume d'Aquitaine qu'auoit eu Pepin decedé en 838. & nous auons veu ce Monastere tres-pauure, K. sous les Charliens, & bien éloigné d'auoir les bois de Chorenne qui consistent en 1500. arpens ou enuiron, & tant d'autres biens.

Ce que ce Monastere (pour se faire vn titre du moulin des quatre moulins en la Paroisse de S. Nicolas S. Mesmin, du Moulin neuf assis sur le bord opposite en la Paroisse de S. Hilaire S. Mesmin, du Moulin du Bac, & Moulin du Pont d'Oliuet, tous deux en la Paroisse de S. Martin sur Loiret) fait dire par cette Charte, *lig.* 77. *& sui.* que Robert luy donne *deux Moulins assis au dessus de S. Hilaire, auec la portion de Riuiere que Hugues luy auoit desia donnée, & deux autres Moulins prés l'Eglise S. Martin sur Loiret,* monstre encore dauantage la supposition de cette Charte: car comment est-ce que les deux premiers desdits Moulins estoient assis en la Riuiere donnée par Hugues, lequel nous auons monstré n'en auoir point donné ? Et comment Robert les a-il donnez, *puisqu'ils* ne luy appartenoient pas ? Or ils ne luy appartenoient pas, *puisqu'ils* se trouuoient situez, *lig.* 79. au dedans d'vne Censiue payable le iour de S. Croix en MAY, laquelle constamment n'est pas la Censiue du Roy, car la Censiue du Roy se paye à la Toussaincts, Z. puisque aussi la Charte de Dom Luc. †. 5. cotte lesdits deux Moulins entre les choses données par Clouis, quoy qu'il ne soit pas vray que Clouis les luy ait donné, *puisque* ny sa Charte, *a.* 2. ny celles produittes entre les preuues †. 1. 2. 3. 4. ny la Charte *e* de Louïs, ny aucune autre Charte n'en parlent.

Pour ce qui est des deux autres Moulins, qui sont le Moulin du Bac, & le Moulin du Pont d'Oliuet, Robert ne les luy a pas donné. Cela se voit par la contrarieté de cette Charte, qui est son titre fondamental, & de la reconnoissance de cens qu'il a baillée au Roy en 1543. Z. Cette Charte, *lig.* 80. luy donne ces deux derniers Moulins sans retenuë de charges ny redeuance, & partant en franc-aleu : au contraire, il a reconnu par sadite declaration, qu'ils sont chargez de cens par chacun an enuers le Roy. † Cette Charte, *lig.* 80. ne luy donne outre lesdits deux Moulins que l'eau necessaire pour les faire tourner, *Cum aqua sibi pertinente* : Au contraire, par sa declaration il a changé les termes de ladite donation, & a reconnu le Roy pour la portion de Riuiere appellée *l'Eau le Roy,* en laquelle il y a (dit-il) Moulin & Chaussée. Et il est à remarquer que cette portion de Riuiere seule entre toutes les autres portions de Loiret, conserue encore aujourd'huy le nom d'Eau le Roy, lequel elle auroit perdu si ce Monastere l'auoit possedée dés le temps de Robert, comme l'ont perdu celles qu'il suppose luy auoir esté données par Clouis, Clotaire, Charles & Hugues.

C'a esté toutefois sur le fondement de cette fausse Charte, & de ladite reconnoissance de cens (laquelle n'est pas moins à rejetter que cette Charte, pour la fausseté de ce qu'elle declare) qu'il a fait cy-deuant, & qu'il continuë à present ses entreprises sur Loiret, & sur les heritages y abboutissans. Car il ne sçauroit montrer d'autres titres de sadite *Eau le Roy* : Il n'en sçauroit montrer d'autres de la portion de Loiret y attenante par embas, ny de la Chaussée & Moulins à Tan qu'il a basty dans icelle. Il n'en sçauroit monstrer d'autres de l'espace de riuiere depuis lesdits moulins à Tan, iusqu'au moulin des quatre moulins, ny de la Chaussée des mouins à Foulon, qu'il y a conftruite pied à pied fur les deux bords de Loiret, & qui eft enfin trouuée fermée lors du prétédu procez contre les Marchands de la Loire, erminé par tranfaction en 1571. au moyen de laquelle Chauffée les R. Feüil. ont lit par leurs contredits au principal, que ladite Riuiere a ceffé d'eftre nauigable en 1571. Enfin il n'en fçauroit monftrer d'autres de la portion de Loiret depuis lefdits quatre moulins iufqu'au moulin de Dromedran affis au deffous du Pont de S. Meffmin, vis à vis la bouche de la riuiere de Boïllon, *, lig. 19. & fuiu.* n *lig. 14. & fuiu.*

Et quant cette Charte ne feroit pas fauffe, comme elle eft ; il ne pouroit feruir à ce Monaftere de dire, pour fauuer fadite reconnoiffance de cens, que *l'Eau le Roy* eft entenduë par ces mots *lig.* 80. *Cum aqua fibi pertinente*, auec l'eau qui en dépend ; parce qu'elle ne peut s'entendre que de l'eau neceffaire pour faire trauailler ce moulin. Il ne pourroit auffi luy feruir de dire que toute la fufdite *Eau le Roy* comprend toute ladite riuiere iufqu'au Moulin de Dromedran. Premierement parce que par les trois contracts des baux qu'il a faicts tant de la place de riuiere pour conftruire la chauffée Tancreniere, & deux moulins à Tan fur icelle, que d'vne place pour vn 3. moulin, & d'vne autre place pour vn 4. moulin fur cette chauffée là, il a pofé pour tenant defdites place, chauffée & moulins d'vn long *l'Eau le Roy* : & a fondé fur lefdits baux feuls l'oppofition par luy formée en 1569. & 1570. à l'alienation qui fe faifoit defdites chauffée & moulins par Meffieurs les Commiffaires de Sa Sainteté, & en 1597. à la vente par decret de ces mefmes chauffée & moulin, 2. Parce que l'Ifle appellée à prefent Tancreniere ne luy a iamais appartenu directement ou indirectement auant 1654. vn an & demy auant ce procez commencé ; auquel temps les Rel. Feüill. l'ont acquife de la Dame d'Efcures, qui la poffedoit en franc-aleu, comme auoient fait les Auteurs de ladite Dame. 3. Parce que l'Ifle qui eft à la bouche de la riuiere de Boïllon ne luy appartient encore que pour la moitié par indiuis auec vn autre particulier, qui poffede fa moitié indiuife en franc-aleu.

Enfin il ne luy pourroit feruir de vouloir pretendre les chauffée & moulins à Tan en vertu de cette Charte, & de ladite reconnoiffance de cens, *puifqu'elles* ne luy donnent pas ladite partie de riuiere, & *puifque* ladite chauffée & moulins n'eftoient pas encore baftis en 1543. non plus que la chauffée & moulins à Foulon.

L'VSVRPATION faite à faux titres par ce Monaftere eft donc manifefte : Il refte de connoiftre à peu prés le temps auquel fes titres & fa poffeffion ont commencé.

LE SILENCE de ce Monaftere au regard de Loiret, toutes les fois que le Roy & M. le D. d'Orleans ont fait recherche des nouueaux acquets des gens de mainmorte, iufqu'en 1522. fait iuger que c'eft feulement depuis 1522. qu'il a fuppofé fa Charte de Robert, & commencé à poffeder : car pourquoy s'en eftre teu iufqu'en Septembre 1543. Z. finon parce qu'il vift en 1543. qu'on fe fouuenoit du commencement de fa poffeffion ?

LES CIRCONSTANCES de la collation clandeftine faite d'vne coppie fur l'original pretendu de cette Charte perfuadent la mefme chofe : elle a efté faite *le 6. Decembre* 1528. temps mitoyen entre lefdites années 1522. & 1543. *par Michel Dubois* Notaire affidé, qui paffoit tous les actes de ce Monaftere, comme ont fait apres luy & font encore fes fucceffeurs en fon Office, & qui ne fe connoiffoit ny au Latin, ny à ces fortes de Chartes : *fans permiffion de Iuftice* : *fans ordre de l'Abbé* ou du Conuent : *fans procez* : *fans parties,* prefentes ou appellées : *à la priere feule de* Fr. Dulcard Richard Preuoft Moine & Fabriquier du Monaftere, & vray-femblablement Fabricateur de cette piece : *en prefence de deux témoins* qui notoirement n'eftoient de la qualité requife pour porter témoignage de l'Original & de la copie, l'vn eſtant valet Menuiſier, l'autre ſans qualité & domicile , c'eſt à dire le Mar-miton du Conuent.

LE SOIN qu'a apporté ce Monaſtere en Septembre 1543. à tenir cette Char-te ſecrete , au lieu de s'en preualoir : & a bailler au Roy ſadite reconnoiſſance de cens Z, qui contient tout le contraire de cette Charte , eſt vne autre preuue eui-dente , qu'il ſçauoit qu'on ſe ſouuenoit du commencement de ſa poſſeſſion , quel que fuſt ſon titre.

Enfin toutes les démarches qu'il a faites depuis 1543. pour eſtablir ſa nouuelle poſ-ſeſſion , & l'impoſſibilité où il eſt de faire apparoir d'vne plus ancienne , ne per-mettent pas qu'on doute de la nouueauté de ladite poſſeſſion , Car

C'A ESTE' depuis 1543. qu'il a fait & acheué *la Chauſſée , & les deux premiers moulins à Tan* : Cela ſe prouue par vn ſien Contract de l'an 1551. mentionné en ſon Oppoſition audit decret de 1597.

C'A ESTE' par ledit Contract du 25. Januier 1551. qu'il a fait *Bail d'vne place* ſur ladite chauſſée pour y *conſtruire le troiſieſme moulin.*

C'A ESTE' par Contract du 1. Ianuier 1560. produit au principal , qu'il a fait *Bail* d'vne place ſur la meſme chauſſée *pour le quatriéme moulin,* auec permiſſion de le baſtir ſur la terre où abboutiſt ladite chauſſée , *pourueu que ladite terre appar-tint au Preneur.*

C'A ESTE' en 1570. diſent les Religieux Feüillans par leurs contredits au principal , *que Loiret a ceſſé d'eſtre nauigable* par l'acheuement de leurs chauſſées des quatre moulins.

C'A ESTE' en ce meſme-temps là que ce Monaſtere *a fait mine* d'empeſcher les Marchands de la Loire d'entrer auec leurs Batteaux dans la bouche de Loiret, pour auoir lieu de prendre qualité de *Seigneur Foncier* de Loiret par quelques exploits li-bellés , & par vne tranſaction eſtudiée , ſoit du 14. Ianuier 1571. comme elle eſt datée dans la Pancharte deſdits Marchands, d'où elle a eſté extraite par *Compulſoire* & produite au procez , ſoit des 4. & 5. May de la meſme année, comme ils ont dit par leur inuentaire de production, laquelle tranſaction bien conſiderée mônſtre que cette riuiere n'eſt pas meſme publique à ſon emboucheure. C'A ESTE' le 13. Aouſt 1575. qu'il a concerté & fait prononcer par le Bailly de ſa pretenduë Iuſtice *le premier Reglement* qui ait jamais eſté fait pour ſa pretenduë riuiere & Chauſſées deſdits quatre moulins, portant defenſes d'entrer *auec Charrois & beſtes de ſomme,* ſoit ſur leſdites Chauſſées, ſoit dans ladite riuiere en aucun endroit que ce ſoit, à pei-ne d'amende arbitraire ; lequel *Reglement* a eſté confirmé par diuerſes deſcentes de Iuges , & Sentences produites au procez par leſdits Religieux , & obſerué iuſques aux Innouations faites par eux & par le Sieur Abbé de S. Meſmin depuis les Arreſts du 5. Sept.1659. & 7. Septembre 1661.

Il y auroit beaucoup d'autres choſes à adjouſter en cét endroit, qui trouuer-ront place ailleurs.

LA CHARTE DE PHILIPPES I. de laquelle leſdits Religieux Feüillans ont produit auſſi vne copie informe , a eſté ſuppoſée par ce Monaſtere pour faire croire qu'il eſt grand Seigneur, qu'il a des Serfs, & vn Territoire dans le-quel il a droict de leuer tous droicts Seigneuriaux autant ſur les *Hommes* du Roy libres & Serfs, qui y ont domicile , que ſur ſes propres Hommes.

Elle perſuaderoit peut-eſtre quelques ſimples , ſi elle eſtoit faite ſelon *l'ordre & le ſtile* receu ; ſi elle *expoſoit* que ce Monaſtere a fait apparoir par ſes titres attachés à ſa Requeſte , qu'il eſt le Seigneur haut Iuſticier du païs, qu'il a Hommes & Territoire, qu'il eſt en droict & poſſeſſion d'y leuer tailles & y perçeoit tous les honneurs & droicts Seigneuriaux : ou ſi, au moins , elle *expoſoit* que ce droict

d'exiger

d'exiger ces chofes des Hommes du Roy, luy appartenoit par priuilege, u fpecial du Roy Robert *lig. 81.* ayeul de Philippes : Et fi enfin elle faifoit *referue* du droit tant defdits Hommes duRoy, que de ceux qui felon les termes des Chartes de Louis *lig. 35,* & de Charles *lig. 22.* auoient Seigneurie à S. Mefmin, comme ont encore à prefent l'Eglife d'Orleans, & la Communauté de fes Chapelains, & autres.

Au lieu de cela on voit *lig. 2.* l'Abbé fuppliant tout feul : on le voit *lig. 6.* affifté de tout fon Conuent : On le voit *lig. 4.* abborder le Roy comme en le querelant, & à voir cela on diroit qu'il s'agiffoit de quelque attentat ou iniure atroce, dont le Roy fut fauteur : Et fans autre circuit, fans autre forme de procés, il leue le mafque, & faifant parler Philippes, il ordonne *lig. 8.* que tous les Hommes du Roy libres & Serfs ayans leur domicile & ménage à Sainct Mefmin, luy payeront les mefmes droicts & deuoirs que ceux que les Hommes de corps de S. Mefmin luy payent. Ce lieu demanderoit vne exaggeration, mais il fuffit qu'il ait efté démonftré inuinciblement que ce Monaftere n'a eu iamais ny originairement ny par conceffion de nos Roys aucune Iuftice & Seigneurie.

Ces autres termes *Pro Deo & pro noftris anteceffioribus, & pro nobis ipfis,* font extraordinaires ; & en tout cas, ils n'auroient efté employez que pour quelque aumofne, & legs pieux, & non pour opprimer, & eftouffer le droit & la liberté d'autruy, que nos Roys ont toûjours referuées expreffément en toutes chofes.

La claufe finale n'eft pas celle dont on vfoit pour lors *a. 9.* particulierement en matiere de la confequence qu'eft celle traittée en cette Charte, puis qu'elle ne fait pas mention que ce priuilege ait efté accordé en prefence des Officiers de la Maifon & Couronne, & que ces Seigneurs ne l'ont fignée apres le Roy.

Enfin *fa date de l'an 1105. & 44.* du regne de Philippes ne permet plus qu'on doute de fa fauffeté. Car Philippes fuft couronné * *1. 2.* en l'an 1059. le jour de la Pentecofte ; qui fut en cette année là le 23. de May, *Kalendas Iunij* * *3.* & mourut en l'an 1108. le 30. de Iuillet *3. Kal. Augufti* cinquantiéme de fon regne * *3.* Et partant l'an *44.* de fon regne finift en May de l'année de N. S. 1103. & non pas en 1105. & ladite année 1105. fut la fin de la *46.* & non pas la *44.* de fon regne.

Les fix Chartes cy-deffus, choifies (difent les R. Feüillans en vne requefte qu'ils ont employée pour contredits) entre toutes leurs autres Chartes, eftans notoirement fauffes, quel iugement peut-on faire de tous leurs autres titres & priuileges ?

LEs Chartes & Chartulaires de ce Monaftere de Micy S. Mefmin eftans pieces fauffes & fuppofées, il eft fans doute qu'il n'en peut tirer aucun aduantage, par quelque temps qu'il ait poffedé.

Ainfi, *n'eftant de fondation Royale, ny priuilegié* que par fes faux titres : A tort l'Abbé & les Religieux, par vne vexation tortionnaire, traduifent journellement les particuliers pardeuant Noffeigneurs des Requeftes du Palais. Pareillement, A tort M. Charles de Vaffan Abbé, par complot auec lefdits Religieux, pour fe partager les heritages dudit Chaffinat, & le reduire iniquement au defefpoir de fe pouuoir defendre, l'a, par vne action en reiuindication fans fondement (comme il a parû iufques icy) traduit pardeuant nofdits Seigneurs des Requeftes, en mefme temps qu'il fe pouruoyoit en complainte poffeffoire pardeuant le Bailly d'Orleans fur la rupture & démolition faites violemment de fes hayes & foffez de clofture par lefdits Religieux & par leur ordre ; procedé autant inique, qu'inoüy.

C

N'eſtant en droiƈt & poſſeſſion de Seigneurie & haute Iuſtice, que par ſes faux ti-tres : A tort & contre la bonne foy leſdits Abbé & Rel. pour d'vn coſté tollir audit Chaſſinat ſon viuier & ſa ſaulſaye longs de ſix vingts & tant de toiſes, & larges de dix, & d'autre coſté vſurper ſur luy vn chemin qu'il ne doit pas, prennent qualité de Seigneurs hauts Iuſticiers ; Et ſur ce fondement leſdits Rel. diſent pardeuant la Cour qu'il leur faut vn chemin au long de la riuiere de Loiret : Et ledit ſieur Abbé pretend ſur ce meſme fondement pardeuant Noſſ. des Requeſtes du Palais que tous les froux publics & terres vaines & vagues luy appartiennent dans le Territoi-re de S. Meſmin, & que ledit Viuier & ladite Saulſaye ſont vn grand frou public. Alleguez qui, outre la fauſſeté de leurſdites Chartes, a eſté refuté au procés par les variations deſdits Abbé & Rel. & par vne ſuite d'anciens titres & decrets qui mon-ſtrent nettement le droit & la poſſeſſion dudit Chaſſinat & de ſes autheurs depuis plus de 200. ans iuſqu'à preſent, & pareille poſſeſſion des autres proprietaires voi-ſins eſtans en meſme ſituation, & meſme des autheurs deſdits Abbé & Religieux. Et cependant leſdits Abbé & Rel. pour attenüer leur tort, & rendre odieux ledit Chaſſinat, diſent qu'il ne s'agit de rien, quil en k plaidere.

N'ayant ny le fonds ny la peſche de ladite riuiere, que par ſes faux titres : A tort leſdits Religieux ſouſtiennent qu'il leur faut vn bord & chemin au long de ladite ri-uiere, ſans quoy leur peſche leur ſeroit inutile.

N'ayant eu autre droiƈt de faire la chauſſee & les moulins à Tan, que ſes faux titres : quant leſdits moulins ſeroient pour la neceſſité publique du païs (ce que leur qualité monſtre n'eſtre pas) la rüe qui y conduit du grand chemin paué ſuffiroit pour y aller & aux maiſons baſties depuis le procés pour la commodité deſdits moulins : Et on ne pourroit obliger ledit Chaſſinat & autres à donner vn nouueau chemin pour y aller.

Ioint que ce chemin, outre qu'il eſt impoſſible, ſeroit toûjours incommode, toû-jours perilleux, comme il ſe voit au procés, toûjours diſhonneſte auſd. Religieux.

Ladite riuiere de Loiret n'eſtant publique, ny ſon bord public (ce que la ſeule inſpection d'icelle fait voir, qui monſtre qu'elle ne peut ſeruir à la nauigation & au commerce, eſtant ſon cours barré de bord en bord en pluſieurs endroits depuis ſa ſource iuſqu'au pont de S. Meſmin, qui eſt peu éloigné de l'embboucheure de ladite riuiere.) A tort leſd. Abbé & Relig pretendent qu'il doit y auoir vn chemin & bord public. Ils y perdroient plus 8000. liu. de rente, ſi elle eſtoit declarée publique.

Et il eſt aiſé à voir que leſdits Religieux ne s'opiniaſtrent à vouloir auoir ledit chemin que pour s'affermir en la poſſeſſion de ladite riuiere, en laquelle ils ſe ſont intruſs par leurs faux titres.

Aiſé à voir que ledit Chaſſinat n'a, par ſa iuſte defenſe, merité les injures odieuſes que leſd. Religieux ſement contre luy dans la ſollicitation & ailleurs, meſme dans les parloirs des Religieuſes.